C. Axmann / F. Becker / B. Döring / F. Grabbe /
K. Haller / A. Küppers / U. Lassert /
J. v. d. Lühe-Tower / H. Maier

Training Neue Diktate

100 weitere Testdiktate
Sekundarstufe I
5. bis 10. Schuljahr

Ernst Klett Verlag
Stuttgart Düsseldorf Leipzig

9 783129 220351

Die Deutsche Bibliothek – CIP-Einheitsaufnahme

Ein Titeldatensatz für diese Publikation ist bei
Der Deutschen Bibliothek erhältlich.

Auflage 4. 3. 2. | 2004 2003 2002
Die letzten Zahlen bezeichnen jeweils die Auflage und das Jahr des Druckes.
Alle Rechte vorbehalten
Dieses Werk folgt der reformierten Rechtschreibung und Zeichensetzung.
Fotomechanische Wiedergabe nur mit Genehmigung des Verlages
© Ernst Klett Verlag GmbH, Stuttgart 2001
Internetadresse: http://www.klett-lerntraining.de
E-Mail: klett-kundenservice@klett-mail.de
Zeichnungen: Sven Palmowski, Stuttgart
Satz: Schwabenverlag, Ostfildern
Druck: Wilhelm Röck, Weinsberg
Einband- und Innengestaltung: Bayerl & Ost, Frankfurt/M.
ISBN 3-12-922035-6

INHALT

Der s-Laut

Dehnung und Schärfung

INHALT

Wortbildung

Fremdwörter

INHALT

Zeichensetzung

Schreibung mit Bindestrich

Autorenverzeichnis

Dieses Trainingsbuch will dir helfen deine Rechtschreibkenntnisse zu verbessern. Sicher hast du noch einige Schwierigkeiten und Unsicherheiten, aber keine Angst, dies muss nicht so bleiben. Mit etwas Geduld, Ausdauer und Fleiß wirst du auch die Hürden der Rechtschreibung überwinden.

Aufbau

Mit den Diktaten kannst du alle Bereiche der Rechtschreibung üben.

Unter dem Diktat findest du jeweils Hinweise, wie viele Wörter das Diktat enthält und welche Bereiche hauptsächlich geübt werden.
Innerhalb eines Kapitels sind zunächst die Diktate für die Schuljahre 5/6 und anschließend die Diktate für die Schuljahre 7/8 und 9/10.

Hinweise

Die schwierigen besonders zu übenden Wörter sind in den Diktaten farbig hervorgehoben.
Bei zwei erlaubten Schreibweisen haben wir uns aus didaktischen Gründen dafür entschieden, die Hauptvariante zu verwenden.
Kommas wurden alle gesetzt. Es sei aber darauf verwiesen, dass bei Satzverbindungen das Komma vor „und" bzw. „oder" entfallen kann; ebenso bei Infinitiv- und Partizipialkonstruktionen. Solche Kommas stehen im Kapitel Zeichensetzung in Klammern.

Diktieren

Am besten ist es, wenn du dir die Diktate diktieren lässt. Zunächst sollte dir der Text ganz vorgelesen werden. Danach wird Satz für Satz langsam diktiert. Am Schluss sollte noch einmal der ganze Text vorgelesen werden, damit du die Möglichkeit zu einer abschließenden Kontrolle hast.

Selbstdiktat

Wenn du niemanden zum Vorlesen hast, kannst du dir das Diktat auf einen Kassettenrekorder aufnehmen. Lies zunächst laut und deutlich und nicht zu schnell den ganzen Text. Anschließend solltest du langsam Satz für Satz diktieren. Bei längeren Sätzen kannst du nach Sinneinheiten kleine Pausen machen. Achte auf die Kommas. Sie helfen dir, sinnvolle Sinneinheiten zu bilden. Lies zum Schluss noch einmal das ganze Diktat.
Du wirst merken, dass das Selbstdiktat keine Notlösung sein muss. Beim konzentrierten, lauten Lesen und Diktieren prägst du dir schon die richtige Schreibweise ein.

Partnerdiktat

Wenn dir das Selbstdiktat zu schwierig oder umständlich ist, versuche doch mit einem Freund oder einer Freundin zu üben. Ihr könnt euch die Diktate abwechselnd diktieren.

Fehlerkorrektur

Nach dem Schreiben solltest du sofort nachsehen, ob du Fehler gemacht hast. Meist wirst du ja schon beim Schreiben gemerkt haben, wo du unsicher warst. Wenn du sofort nach dem Diktat nachschaust, wie die Wörter richtig geschrieben werden, kannst du sie dir viel besser einprägen.

Wörterliste

Lege dir eine Liste mit all deinen fehlerhaft geschriebenen Wörtern an. Diese kannst du dir nach einiger Zeit noch einmal diktieren lassen, um deinen Lernerfolg zu überprüfen. Jetzt darfst du alle richtig geschriebenen Wörter ausstreichen – die Fehler werden dagegen von Zeit zu Zeit wieder geübt.

Bei den Affen

Hui, welch ein Sprung! Fast 12 Meter weit ist er durch die Luft geflogen – Jojo, der silbergraue Gibbon im Krefelder Zoo. Beim Klettern und Springen in luftiger Höhe fühlt er sich so richtig wohl.

Behände greift er mit seinen langen Armen von Ast zu Ast. Beim Hangeln durch die Bäume kann er eine Geschwindigkeit von bis zu 50 Kilometer pro Stunde erreichen. Übermütig hängt er nun kopfüber an einem dicken Ast. Das Herabbaumeln scheint er richtig zu genießen.

Lautes Kreischen aus dem Nebengehege lässt die Zuschauer erschreckt zusammenfahren. Vater Gorilla hat eins der Kinder vom Felsen gestoßen. Beim Fressen und Träumen hat er niemanden gerne in seiner Nähe, schon gar nicht herumzappelnde Kinder. Furcht erregend richtet er sich zu seiner vollen Größe auf, um durch heftiges Trommeln auf seiner Brust noch einmal allen Anwesenden deutlich zu machen, wer der Herr im Haus ist.

 Wörteranzahl: 143

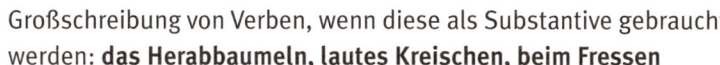
Großschreibung von Verben, wenn diese als Substantive gebraucht werden: **das Herabbaumeln, lautes Kreischen, beim Fressen**

Eine Fahrt ins Blaue

In den vergangenen Ferien machten Hannes, Kai und Peter eine Fahrradtour ins Blaue.

Sie nahmen ihr kleines Zelt und ihre Schlafsäcke mit. In ihrem Rucksack hatten sie viel Kühles zum Trinken und allerlei Leckeres zum Essen. Das sei doch endlich mal etwas Neues, etwas richtig Spannendes hatte Peter ausgerufen, als Kai diese Fahrt vorgeschlagen hatte.

Schon morgens im Dunkeln waren sie abgefahren, denn sie wollten so weit wie möglich kommen. Als es Abend wurde, machten sie auf einer Wiese Rast. Sie bauten ihr Zelt auf, zündeten ein Lagerfeuer an und genossen die Stille. Herrlich war es, so im Grünen zu sitzen und den Duft des Heus zu genießen. Da es warm und trocken genug war, konnten sie sogar im Freien schlafen.

 Wörteranzahl: 121

Großschreibung von Adjektiven, wenn sie als Substantive gebraucht werden: **etwas Neues, im Freien**

Auf dem Weihnachtsmarkt

Seit zwei Jahren gab es einen wunderschönen Weihnachtsmarkt in der Stadt. Dort fand man alles, was das Herz begehrte: wunderschön geschnitztes Holzspielzeug, Schmuck und Edelsteine, Gemaltes und Gebasteltes.

Von weit her kamen die Besucher und jedes Jahr wurden es mehr. Was die Leute so besonders anzog, das waren die Köstlichkeiten aus den verschiedensten Städten und Ländern.

So gab es dort einen Stand mit Thüringer Bratwurst, mit Wiener Schnitzel und Frankfurter Würstchen. An einem anderen Stand wurden Nürnberger Lebkuchen, Dresdner Stollen und Lübecker Marzipan angeboten. Wieder an einem anderen gab es Schweizer Käse, Kieler Sprotten, Königsberger Klopse und Schwarzwälder Schinken. Ganz zu schweigen von all den wohlschmeckenden Getränken! Wie soll man sich bei so viel leckeren Sachen nur entscheiden?

 Wörteranzahl: 118

Großschreibung bei Ableitungen von geographischen Eigennamen auf -er: **Wiener Schnitzel**

Tagesausflug an den Rhein

Im letzten Monat machte die Klasse 5c an einem Mittwochmorgen einen Ausflug an den Rhein.

Gleich morgens früh um 7 Uhr ging es mit dem Zug von Duisburg nach Königswinter. Sie gehörten zu den ersten Fahrgästen, die mit der Zahnradbahn auf den Drachenfels hinauffuhren. Sie betrachteten die wenigen übrig gebliebenen Mauern der Drachenfelsburg und genossen den herrlichen Weitblick über das Siebengebirge und die Eifel.

Morgens sei die Welt viel schöner als abends, meinten einige Schülerinnen. Andere fanden, dass nachmittags die schönste Tageszeit sei.

Gegen Mittag fuhren sie weiter den Rhein hinauf. Im Laufe des Nachmittags besichtigten sie die Marxburg, die einzige Burg am Rhein, die nie zerstört worden ist.

Am Abend kehrten sie müde nach Hause zurück.

◎ Wörteranzahl: 107

MERKE

Großschreibung von Zeitangaben, wenn ein Artikel, Pronomen oder eine Präposition davor steht: **gegen Abend, des Nachmittags**

Kleinschreibung von Zeitangaben mit Endungs-s ohne Artikel: **morgens**

Die Besuche bei Großvater

Am Sonntag besuchten Lena und Sebastian ihren Großvater. Er war jahrelang als Kapitän über die verschiedensten Meere gefahren.

Mehrmals war er mit seinen Schiffen durch den Suez-Kanal und das Rote Meer gefahren, was ihm den langen Umweg um das Kap der Guten Hoffnung erspart hatte. Den Pazifischen Ozean, den man auch den Stillen Ozean nennt, kannte er ebenso gut wie das Schwarze Meer, die Große Mauer in China ebenso wie den Schiefen Turm von Pisa. Von einem lebensgefährlichen Sturm konnte er erzählen, den er mit drei Freunden bei der Überquerung des Atlantischen Ozeans erlebt hatte.

Bei jedem Besuch konnte er von anderen aufregenden Erlebnissen erzählen. Die beiden Kinder hoffen, dass sie eines Tages auch so viel von der Welt sehen werden.

 Wörteranzahl: 121

> Großschreibung von Adjektiven, die Bestandteil von geographischen Eigennamen oder bestimmten Bauwerken sind: **das Schwarze Meer, der Schiefe Turm von Pisa**

MERKE

Rundenrekord in Hockenheim

Vorbei an den Boxen biege ich als Erster in die Rechtskurve. Ich beschleunige bis in den siebten Gang auf dreihundertfünfzig Stundenkilometer. Vor der ersten Schikane muss ich den Bremspunkt treffen, schalte vom Siebten in den Ersten und fahre mit hundert durch die Schikane.

Beim Herausbeschleunigen fliegen die Bäume links und rechts an mir vorbei, bevor sich das Spiel von starkem Abbremsen und schnellem Beschleunigen in der zweiten Schikane wiederholt.

Ich schalte in den dritten, vierten, fünften, sechsten und wieder in den siebten Gang und rase auf die letzte Schikane zu, bremse stark ab, fahre durch die dritte Schikane und komme auf die letzte Gerade.

Nach einer schnellen Rechtskurve bin ich im Motodrom und genieße die zigtausend Fans. Durch die letzten langsamen Kurven komme ich auf die Start- und Zielgerade und erreiche einen neuen Rundenrekord.

◎ Wörteranzahl: 134

> Zahlen unter einer Million werden kleingeschrieben: **dreihundertfünfzig**
>
> Ordnungszahlen werden großgeschrieben: als **Erster**
> Werden sie als Adjektiv gebraucht, schreibt man sie klein: der **dritte, vierte** Gang

Ist Nachhilfe sinnvoll?

Viele Schüler haben irgendwann in ihrer Schullaufbahn Schwierig-keiten mit dem Lernen. Dafür gibt es verschiedene Gründe:

Im Allgemeinen lernen Kinder in der Unterstufe noch gerne und leicht. Schülern der Mittelstufe wird Lernen oft zum Problem, während Jugendliche in der Oberstufe schon eher eine Zielrichtung haben und sich auf Wesentliches konzentrieren.

Wenn ein Absinken der Schulleistungen daher rührt, dass die Motivation zum Lernen nachgelassen hat, kann Nachhilfe nur kurzfristig helfen. Im Großen und Ganzen wird dadurch der Kenntnisstand erhalten und Schlimmeres verhindert.

Etwas anderes ist es, wenn Schüler der Mittelstufe ein altersbeding-tes Lernproblem haben, weil viele Dinge auf einmal wichtiger sind als die Schule. Mit Nachhilfe kann man hier Defizite abbauen, so-bald dieses Tief überwunden ist.

Auf allen Altersstufen gibt es Schüler, die nicht so schnell lernen wie erwartet und die überfordert sind. Für sie müsste Nachhilfe ein ständiges Begleiten des Schulunterrichts sein. Über den Sinn solcher Nachhilfe lässt sich allerdings streiten.

 Wörteranzahl: 152

Großschreibung von Verben, die als Substantiv verwendet werden:
ein Absinken, zum Lernen, (das) Lernen

Großschreibung von Adjektiven, die als Substantiv verwendet werden:
auf Wesentliches, dieses Tief, im Allgemeinen, im Großen und Ganzen (Paarformel)

Ausnahme: **etwas anderes**

Tagesablauf eines Popstars

Wenn sich Sascha aus dem Bett erhebt, ist es bereits Mittag. Die meisten Menschen haben bis dahin ihren halben Arbeitstag hinter sich. Wenn man bedenkt, um welche Uhrzeit ein armer Schüler morgens das Bett verlassen muss, könnte man schon neidisch werden. Man beachte außerdem, dass viele Musiksendungen erst am Abend ausgestrahlt werden, besagter Schüler spätabends ins Bett kommt und des Nachts schlecht schläft, weil er von der Klassenarbeit am nächsten Morgen träumt.

Popsänger Sascha hat um ein Uhr mittags seinen ersten Termin: eine Besprechung mit dem Manager. Am frühen Nachmittag würde er gerne ins Studio gehen, aber der Werbevertrag muss neu ausgehandelt werden. Sascha macht freitags immer Krafttraining, für das er heute Nachmittag allerdings nur wenig Zeit hat. Diesen Freitagabend steht nämlich ein Fernsehtermin im Kalender, für den er nachmittags um fünf schon in der Maske sein soll. Erst nach Mitternacht sinkt er schließlich müde und erschöpft ins Bett.

 Wörteranzahl: 150

MERKE

Großschreibung von Tageszeiten
- als Substantiv: es ist **Mittag, am nächsten Morgen**
- in Verbindung mit „heute", „(vor)gestern", „(über)morgen": **heute Nachmittag**
- in Verbindung mit Wochentagen: diesen **Freitagabend**

Kleinschreibung von Tageszeiten
- Wochentage, wenn ein „s" angehängt ist: **freitags**
- Adverbien mit angehängtem „s": **spätabends, nachmittags**

Haben Sie Angst vor Hunden?

Sehr geehrter Herr Singer,

ich wende mich an Sie mit einer dringenden Bitte:

Mehrfach habe ich beobachtet, wie Sie Ihren Hund ausgeführt haben. Da Sie einen Pitbull besitzen, der zu den Kampfhunden zählt, gehe ich Ihnen aus dem Weg. Freia heißt die Hündin, die Sie Ihr Eigen nennen, und es tut mir Leid sagen zu müssen, dass sie nicht gut auf Sie hört. Nicht nur mir, sondern auch allen Schulkindern, die auf diesem Weg laufen, wird angst und bange beim Anblick Freias. Die Hündin könnte leicht eines der Schulkinder angreifen, denn sie trägt keinen Maulkorb. Da ihre Angriffslust jederzeit zum Ausbruch kommen kann, sollten Sie sich im Klaren darüber sein, dass Sie Ihre Mitmenschen in Gefahr bringen. Nach den schrecklichen Todesfällen und dem inzwischen beschlossenen Importverbot für Kampfhunde fordere ich Sie dringend auf, Ihre Hündin mit Maulkorb und auf einer anderen Wegstrecke auszuführen als auf dem Schulweg.

Mir ist damit sehr ernst

Ihr Pit Bauer

◎ Wörteranzahl: 155

MERKE

Großschreibung der Höflichkeitsanrede: **Sie, Ihre, Ihnen**

Großschreibung von Substantiven, die mit Verben ein festes Gefüge bilden: es **tut mir Leid, ihr Eigen nennen**

Ausnahme: Substantive, die mit „sein" oder „werden" ein festes Gefüge bilden: **mir wird angst und bange, mir ist ernst**

Großschreibung substantivierter Adjektive in festen Wortgruppen: **im Klaren sein**

Was für ein Tag!

Als Erstes wachte ich heute früh schon mit Bauchschmerzen auf. Zum Frühstück war die Milch sauer, und dann verpasste ich auch noch den Bus. Die Linie sechs war ohne mich abgefahren, so musste ich die Vier nehmen und kam zu spät zur Schule. Wo war denn meine Klasse?

Ach du Schreck, ich hatte vergessen, dass wir heute in Raum zehn eine kleine Abschlussfeier machen wollten, und zu guter Letzt gab es auch noch Zeugnisse. So ein schwarzer Tag! War heute etwa Freitag der Dreizehnte?

Wie schön war doch dagegen die Grundschule, in der ich nur Einsen und Zweien hatte. Aber jetzt in der siebten Klasse sind Dreien und Vieren an der Tagesordnung. Hoffentlich ist keine Fünf dabei: In Biologie stehe ich auf vier Komma fünf, doch zum Glück zählt das Mündliche ein Drittel, so werde ich es gerade noch schaffen.

„Pia, es ist halb sieben, aufstehen!", ruft es von unten. „Heute ist der letzte Schultag."

 Wörteranzahl: 155

Großschreibung von Zahlwörtern
Zahlwörter als Substantive und als Ordnungszahlen: **als Erstes, der Dreizehnte, die Vier, Dreien** und **Vieren, zu guter Letzt**

Kleinschreibung von Zahlwörtern
Zahlwörter als Adjektive: **in der siebten Klasse, der letzte Schultag**
Zahlwörter als Grundzahlen: Linie **sechs,** Raum **zehn**

Wohin ins Schullandheim?

Die Klasse 8c möchte im April oder Juni ins Schullandheim gehen. Verschiedene Ziele stehen zur Debatte: Ein Teil der Klasse möchte ins Mittelgebirge fahren zum Wandern, etwa in den Schwarzwald oder den Bayerischen Wald. Man könnte dort auch einiges besichtigen, zum Beispiel eine Werkstatt für die berühmten Schwarzwälder Kuckucksuhren oder vielleicht eine bayerische Bierbrauerei.

Einige Schüler schlagen das Kleine Walsertal im Grenzgebiet zwischen Deutschland und Österreich vor. Auch dort stände Wandern auf dem Programm, eventuell sogar eine besonders geführte Klettertour.

Ein weiterer Vorschlag sind die neuen Bundesländer; man würde viel Neues kennen lernen, Städte besichtigen und Wirkungsstätten bedeutender Dichter und Komponisten aufsuchen. Man könnte sehen, wo Goethe gedichtet hat oder wo das Bach'sche Weihnachtsoratorium komponiert wurde. Außerdem gibt es die Sächsische Schweiz mit Ausflugsmöglichkeiten.

Als Kontrastprogramm dazu schlagen manche einen Aufenthalt an der Nordsee vor, speziell auf einer Nordfriesischen Insel oder einer Hallig. Dort könnte das Meer hautnah erlebt werden.

 Wörteranzahl: 150

Großschreibung
– substantivierte Verben und Adjektive: **zum Wandern, viel Neues**
– Adjektive als Teile geographischer Namen: **Kleines Walsertal, Sächsische Schweiz**
– Ableitungen von geographischen Bezeichnungen auf -er: **Schwarzwälder Kuckucksuhren**
– Verbindungen mit Eigennamen und Schreibung mit Apostroph: **Bach'sches Oratorium** (Schreibung **bachsches Oratorium** ist auch möglich.)

Kleinschreibung
Adjektive aus Eigennamen auf -isch oder -sch: **bayerische Brauerei**

Nicht nur deutsche Schüler haben es schwer

Hi Andrew,

eigentlich wollte ich dir meinen nächsten Brief in Englisch schreiben. Da meine Kenntnisse aber immer noch ziemlich im Argen liegen, ziehe ich bis auf weiteres meine Muttersprache vor. Es ist mir jedoch trotzdem recht, wenn du englisch schreibst, da ich die Fremdsprache leichter verstehen als schreiben kann.

Dein Brief aus dem Urlaub enthielt eine Geheimbotschaft. Zum Entschlüsseln brauche ich deine Hilfe, da ich an einigen Stellen noch ziemlich im Dunkeln tappe.

Fast genauso geht es mir zur Zeit im Deutschunterricht. Wir lernen schwierige Fälle der Groß- und Kleinschreibung. Hier ist eine kleine Kostprobe:

Das unbewohnte Haus am Waldrand macht mir Angst. Ist dir nicht auch angst und bange, wenn du dich von fern diesem Haus näherst? Nimm dich bloß in Acht! Solche Probleme habt ihr in England zum Glück nicht.

Bis bald, dein Lukas

Andrew antwortet:
Imagine, Lukas, we learn to write „Schuld haben" and „schuld sein". Isn't it difficult?

 Wörteranzahl: 152

Großschreibung
– Sprachbezeichnungen mit Präpositionen: **in Englisch**
– substantivierte Adjektive in festen Wortgruppen: **im Dunkeln tappen**
Ausnahme nach Präpositionen: **bis auf weiteres, von fern**
– Substantive mit Präpositionen als feste Wendungen: Nimm dich **in Acht!**
– Substantive mit Verben als feste Wendungen: **macht** mir **Angst**
Ausnahme: Verbindungen mit „sein" werden immer kleingeschrieben:
Ist dir **angst und bange?** Soll er **schuld sein?**

MERKE

Schlaflos in Bielefeld

Martina kann heute Nacht nicht einschlafen. Am Donnerstagmorgen ist die Englischarbeit fällig, und es müsste ein unglaubliches Wunder geschehen, wenn die Fünf noch abzuwenden wäre! Und übermorgen ist Donnerstag.

Immerhin hat sie heute Nachmittag endlich begonnen, all die nie gelernten Vokabeln einzupauken, und abends wäre sicherlich die Grammatik dran gewesen. Aber dann klingelte das Telefon. Das war nichts Ungewöhnliches. Jeden Dienstagnachmittag ruft Martinas beste Freundin Beate nach der Tennisstunde an und schwärmt stundenlang von Sascha, dem schwarz gelockten Tennislehrer. Aber heute war keine jubelnde Beate, sondern Bernd am Apparat.

Man muss wissen, dass kein Vormittag vergeht, an dem Martina sich nicht darauf freut, ihren neuen Klassenkameraden aus der Ferne beobachten zu können. Aber bis jetzt schien Bernd sie nie beachtet zu haben, abgesehen davon, dass er gestern Morgen ihren Taschenrechner ausgeliehen hat. Und nun will er doch glatt wissen, wie das Passiv im Englischen geht! Kein Wunder, dass Martina ins Stottern gerät und nicht nur deswegen, weil sie selbst keine Ahnung hat. Nun wollen sie sich morgen Mittag treffen und das Problem gemeinsam anpacken. Und jetzt ist es beinahe 12 Uhr nachts, und Martina kann einfach nicht einschlafen.

 Wörteranzahl: 188

Großschreibung
- substantiviert gebrauchte Tageszeiten: an diesem **Nachmittag**
- Tageszeiten nach heute, gestern, morgen: **(gestern) Morgen**
- Verbindungen von Tageszeiten und Wochentagen: **am Donnerstagmorgen, jeden Dienstagnachmittag**
- Substantivierungen: **die Fünf, ins Stottern** (geraten)

Kleinschreibung
- Tageszeiten, die als Adverb gebraucht werden: **heute, nachts**

Das Arbeitsleben

Für manche jungen Menschen bedeutet der Eintritt ins Berufsleben ein unsanftes Erwachen. Natürlich ist es etwas Erfreuliches, wenn man nicht mehr auf das mildtätige Taschengeld der Eltern angewiesen ist, sondern an jedem Ersten seinen Lohn bekommt. Aber das Unangenehme ist, dass man den Geldsegen für eine erheblich verringerte Freizeit eintauschen muss. Früher konnte man manchen Schulvormittag mit Ach und Krach überleben, auch wenn man abends zuvor spät schlafen gegangen war. Aber nun gibt es kein heimliches Dösen mehr. Es ist auch vorbei mit dem Sonnenbaden an einem heißen Sommernachmittag, denn im Allgemeinen dauern Arbeitstage bis fünf Uhr. Und dann der Verlust der Ferien, in denen man sich wochenlang ganz dem Faulenzen hingeben konnte! So betrachtet, erscheint die Schulzeit im Großen und Ganzen ein höchst angenehmer Zeitvertreib zu sein. Denn wenn man als Arbeitnehmer erst sein tägliches Soll erfüllen muss, gibt es meistens kein Zurück mehr. „Genieße den Tag …", möchte man jedem Schüler in sein Hausaufgabenheft schreiben, aber die Fortsetzung lautet „… und gib dein Bestes!" Denn nicht nur Ferien, Freunde und Freizeit bestimmen die Schulzeit, sondern die Möglichkeit, das Lernen zu lernen. Dies ist die Voraussetzung für eine zufrieden stellende Zukunft, die immer etwas mit dem Arbeiten zu tun hat.

 Wörteranzahl: 200

MERKE

Großschreibung
– substantivierte Verben, Adjektive, Adverbien und Ordinalzahlen: **unsanftes Erwachen, das Unangenehme, kein Zurück, (an) jedem Ersten**
– Redewendungen als Paarformel: **(mit) Ach und Krach, (im) Großen und Ganzen**

Kleinschreibung
– Tageszeiten, die als Adverb gebraucht werden: **abends**

Kleider machen Leute?

Seit kurzem verteilt Anna nachmittags Werbebroschüren in ihrem Viertel, denn ihr Taschengeld reicht nicht mehr für ihre Extrawünsche aus. Ihre Eltern sind es leid, ihr diese zu erfüllen, denn es geht um Annas Kleidung. „Ich bin die Einzige in der Klasse, die keine vernünftigen Klamotten hat!", jammert sie. „Natürlich habe ich genügend Hosen, aber die meisten kommen aus dem Kaufhaus." „Da hast du Recht!", erwidert ihre Mutter, „und was ist das Schlimme daran?" Aber eigentlich meint sie diese Frage nicht ernst, denn sie ist sich darüber im Klaren, worum es Anna geht: Wie viele andere möchte sie mehr Markenkleidung tragen; es geht nämlich schon lange nicht mehr darum, dass ihre Tochter etwas Neues zum Anziehen benötigt. Denn dank der Werbung glauben nicht wenige, dass man nur mit dem richtigen Namen auf den Schuhen und Shirts ein vollgültiges Mitglied der Gemeinschaft ist. „Du tust mir Leid, ich glaube nicht, dass deine Kleidung schuld daran ist, wenn du weniger Freunde hast. Und im Übrigen habe ich kein Geld für diese teuren Stücke. Aber es soll mir recht sein, wenn du arbeitest, denn über kurz oder lang wirst du deine Dummheit einsehen!"

 Wörteranzahl: 189

Großschreibung
- substantivierte Verben und Adjektive: **(zum) Anziehen, (das) Schlimme, im Klaren**
- die unbestimmten Zahlwörter: **die/der Einzige, im Übrigen**
- die Verbindung von „Recht", „Schuld" und „Leid" mit „haben" oder „tun": **da hast du Recht, es tut mir Leid**

Kleinschreibung
- die unbestimmten Zahlwörter: **die meisten, viele andere, nicht wenige**
- die Verbindung von „recht" „schuld" und „leid" mit „sein": **es soll mir recht sein, schuld daran ist, sie sind es leid**
- das Adverb „dank": **dank der Werbung**
- die als Adverb verwendete Paarformel: **über kurz oder lang**

Reiselust

Wie in der Süddeutschen Zeitung vor kurzem wieder einmal zu lesen war, ist die Reiselust der Deutschen immer noch ungebrochen. Dass man die Pfingstferien an der italienischen Adria verbringt oder an den Faschingstagen in den französischen Alpen Ski fährt, ist beinahe etwas Selbstverständliches. Und was ist die Adventszeit, wenn man nicht einmal den Nürnberger Weihnachtsmarkt besucht hat? Und diejenigen, die ihren Sommerurlaub in den Vereinigten Staaten oder am Roten Meer verbringen, haben noch lange nicht das große Los gezogen. Denn mittlerweile gehört der Tauchurlaub irgendwo in der Dritten Welt oder das Überlebenstraining in den arabischen Wüsten zu den normalen Erfahrungen vieler Touristen. Auch eine wochenlange Fahrt mit der Transsibirischen Eisenbahn mit Anschlussflug zu der Chinesischen Mauer oder zu einer asiatischen Küste des Stillen Ozeans ist nichts Außergewöhnliches mehr. Aber die Urlaubsgäste in den Pensionen des Bayerischen Waldes oder des Alten Landes sind nicht notwendigerweise die schwarzen Schafe: Sie machen nur zwischendurch Erholungsurlaub von ihren Abenteuern in der indonesischen grünen Hölle oder am Kap der Guten Hoffnung bei einem guten Glas Münchner Weißbier und mit Frankfurter Würstchen.

 Wörteranzahl: 176

MERKE

Großschreibung
– von geographischen Ableitungen mit -er: **Frankfurter Würstchen**
– von geographischen Eigennamen: **das Rote Meer, der Bayerische Wald**
– von Eigennamen von Zeitungen: **die Süddeutsche Zeitung**
– von Eigennamen für bestimmte Fahrzeuge: **die Transsibirische Eisenbahn**

Kleinschreibung
– von geographischen Ableitungen mit -isch: **die italienischen Seen**
– von zusammengehörenden Begriffen, die keine Eigennamen sind: **das große Los, die schwarzen Schafe**

Geheimnisvolle Tiefsee

Immer wieder versuchen unternehmungslustige Menschen die Tiefsee zu erforschen. Sie beginnt bei einer Tiefe von 600 Metern und wirkt auf das menschliche Auge pechschwarz und undurchsichtig.

Im Durchschnitt ist die Tiefsee vier bis fünf Kilometer tief, aber an einigen Stellen reicht sie bis zu zehn und sogar elf Kilometern hinab. Sie ist nicht etwa tellerflach wie manche Menschen glauben, sondern von Gebirgszügen bedeckt und tiefen Furchen durchzogen. Uns Menschen, die wir lichthungrig und wärmebedürftig sind, scheint die Tiefsee ein lebensfeindlicher, eiskalter, todbringender Ort zu sein, an dem es kaum Lebewesen zu geben scheint.

Einzelne Forschungen beweisen jedoch gerade das Gegenteil. In diesem fremdartigen Lebensraum gibt es sogar besonders zahlreiche und verschiedenartige Lebewesen.

 Wörteranzahl: 112

MERKE

Zusammenschreibung
– von Adjektiven, bei denen ein Teil nicht selbstständig stehen kann:
  fremdartig
– von Substantiv oder bedeutungsverstärkendem Teil und einem Adjektiv:
  eiskalt
– von zwei Substantiven in untrennbarer Verbindung: **Lebensraum, Tiefsee**

Beeindruckende Pflanzenwelt

Wer eine besonders vielfältige und beeindruckende Pflanzenwelt erleben will, sollte als Forscher in den Regenwald gehen. Dort hat er Gelegenheit, hoch oben im Kronendach des Urwaldes von Kletterbrücken und Plattformen aus die regenbogenbunte Farbenpracht der Blüten und Tiere zu beobachten.

An diesem Platz findet das eigentliche Urwaldleben statt, denn hier können die goldgelben Sonnenstrahlen hingelangen. Es finden sich Blüten in allen Farbgebungen: z. B. feuerrot, strohgelb, himmelblau, zartrosa, lachsfarben mit wunderschönen betörenden, aber auch unangenehmen Düften. Dazu entdeckt man knallbunte, grasgrüne und knallrote Frösche, federleichte, winzige Vögel und viele andere Tiere.

Das Leben ist für die Forscher in diesem Blätterdach der Welt nicht ungefährlich. So bunt und vielfältig diese Welt ist, so zahlreich sind auch die Verletzungsgefahren durch Bisse, Insektenstiche, messerscharfe Blattränder und Abstürze.

 Wörteranzahl: 123

Zusammenschreibung
– von zwei Substantiven in untrennbarer Verbindung: **Farbenpracht, Insektenstich**
– von Adjektiven und bedeutungsverstärkenden Teilen: **grasgrün, knallrot**
– von Adjektiven, bei denen ein Teil nicht selbstständig stehen kann: **vielfältig**

MERKE

Mein Freund, der Rennfahrer

Mein Freund ist Rennfahrer. Er liebt das Autofahren über alles. Er liebte es schon als Dreijähriger mehr als alles andere, mehr als Zugfahren und mehr als Fahrradfahren. Es bedeutet ihm auch heute als Erwachsener mehr als Eislaufen oder Wellenreiten, mehr als das Bergsteigen oder das Marathonlaufen.

Jede freie Stunde verbringt er auf der Rennstrecke. Er hat nicht allzu viel Zeit dafür, denn er arbeitet in einem bekannten Autounternehmen als Mechaniker. Nebenbei tüftelt und bastelt er an einem neuen Autotyp herum. Mal sehen, was er eines Tages erfinden wird!

Das Skilaufen ist die zweite Sportart, mit der er sich intensiv beschäftigt. Hier genießt er die Geschwindigkeit beim Abfahren ebenso wie die Schnelligkeit beim Autorennfahren.

Wenn das nur immer gut geht!

 Wörteranzahl: 119

MERKE

Zusammenschreibung von substantivisch gebrauchten Zusammensetzungen von Substantiv und Verb: **das Autofahren, das Bergsteigen**

Die Versuchung

Neugierig steht Paul vor der Gletscherhöhle. Er würde sie gerne näher kennen lernen, aber dort steht ein Schild, das den Eintritt verbietet. Sollte er das Betreten also lieber bleiben lassen? Besser ja, denn solche Eishöhlen können plötzlich einstürzen. So will er doch lieber auf einem Stein in der Nähe sitzen bleiben und alles in Ruhe betrachten.

Herrlich, überall fließen kleine Bäche und Flüsse aus dem Eis heraus. Staunend betrachtet Paul das grünbläuliche Wasser. Schade, dass er seinen Fotoapparat zu Hause hat liegen lassen, sonst hätte er jetzt interessante Aufnahmen machen können. Eben, als er ein paar Edelweiß entdeckt hatte, ärgerte er sich schon darüber. Am liebsten hätte er sie ja abgepflückt. Aber im letzten Moment nahm er Vernunft an und hat sie stehen lassen.

 Wörteranzahl: 124

Getrenntschreibung von Verbindungen zweier Verben: **sitzen bleiben, liegen lassen**

Quer durch die Wüste

Behutsam und vorsichtig bewegt sich die kleine Karawane durch den glühend heißen Wüstensand. Die kochend heiße Luft flimmert vor den Augen. Sie gaukelt den Menschen erfrischende Wasserflächen vor. Aber die erfahrenen Wüstenbewohner lassen sich nicht davon täuschen.

Sie binden ihre Tücher schützend um den Kopf und ziehen sie vor die Augen, um sich vor der gleißend hellen Sonne und dem blendend weißen Sand zu schützen. Ein strahlend blauer Himmel wölbt sich über ihnen, aber so richtig genießen können sie ihn bei diesen anstrengenden Tagesmärschen nicht.

Schließlich freuen sie sich auf den Abend, wenn es kühler wird, und sie um das Lagerfeuer sitzen werden. Dann können sie sich an den strahlend hellen Sternen erfreuen, den spannend erzählten Geschichten lauschen oder erzählen und lachen.

 Wörteranzahl: 122

Getrenntschreibung von Wortverbindungen, bei denen der erste Teil ein adjektivisches Partizip ist: **strahlend hell, spannend erzählt**

Ein Ameisenhaufen

Interessiert blicken Evi und Jonas auf einen 1 m hohen braunen Hügel aus Fichtennadeln. Auf ihm wimmelt es von zahlreichen kleinen Insekten, den Ameisen. Sie sehen, wie diese Tierchen übereinander stolpern und aufeinander stehen. Das Durcheinander scheint für die Kinder riesengroß zu sein.

Aber je länger sie hinsehen, desto besser erkennen sie, wie die Tierchen einander helfen, wie sie gemeinsam Tannennadeln, Ameiseneier und kleine Insekten transportieren. Sie beobachten, wie sie hin- und hereilen, vor- und zurückflitzen. Sie entdecken, wie einige nebeneinander herlaufen, als würden sie unterwegs miteinander reden.

Auf den Ameisenstraßen, die zu dem Hügel führen, sehen sie viele aneinander vorbeilaufen, ja sogar gegeneinander prallen, wenn sie in ihrem Arbeitseifer ihre „Kolleginnen" nicht bemerken. Jonas und Evi sind beeindruckt von dem Arbeitseifer dieser Tiere.

 Wörteranzahl: 124

> **MERKE**
>
> Getrenntschreibung bei der Zusammensetzung aus Adverb mit der Endung -einander und Verb: **gegeneinander prallen, miteinander reden**

Wie komme ich durch den Winter?

Für viele Menschen hierzulande ist der Winter eine äußerst unangenehme Jahreszeit. Am liebsten würden sie gar nicht hier bleiben, sondern in einer wärmeren Gegend überwintern.

Ähnlich den Vögeln, die im Winter südwärts fliegen, zieht es etliche Menschen in die Länder, die auch in den Wintermonaten richtiggehend warm und sonnig sind.

Andere dagegen, die auch nicht mit unserem „Schmuddelwetter" vorlieb nehmen wollen, suchen den richtigen Winter. Sie wollen Schi fahren oder Schlittschuh laufen und sich draußen bewegen, selbst wenn es eisig kalt ist. Viele Familien genießen den Wintersport, sei es nun Snowboarden, Eislaufen oder Schlittenfahren, und werden vom Zauber der weißen Winterwelt gefangen genommen.

Beide Arten den Winter zu verbringen haben ihren Preis: Oft können Verwandte und Freunde das Weihnachtsfest und Silvester nicht miteinander feiern. Dies wird aber gerne in Kauf genommen, wenn man dadurch unserem Winter ausweichen kann.

 Wörteranzahl: 137 Wörter

Getrenntschreibung bei Verbindungen
– aus Substantiv und Verb: **Schi fahren**
  Ausnahme beim Gebrauch als Substantiv: **Eislaufen, Schlittenfahren**
– aus Partizip und Verb: **gefangen genommen (nehmen)**
– aus Adverb und Verb bei der Endung auf „-einander" oder „-wärts":
  südwärts fliegen, miteinander feiern
– aus selbstständigem oder zusammengesetztem Adverb und Verb: **hier bleiben, vorlieb nehmen**

Zusammenschreibung bei Verbindungen
– aus Partikel und Verb: **überwintern, ausweichen**

immer getrennt: **in Kauf nehmen**
immer zusammen: **richtiggehend**

Wird Süditalien zur Wüste?

In den letzten Jahren ist so viel von Klimaveränderung und Treibhauseffekt die Rede, dass sich jeder mit dem Thema auseinander setzen muss. Fast allen von uns sind die groben Zusammenhänge und weit reichenden Folgen der Erderwärmung bekannt: Auf der gesamten Welt, vor allem aber in den Industrieländern werden täglich jede Menge Abgase freigesetzt, die eine ähnliche Wirkung haben wie das Glasdach eines Treibhauses. Sie lassen die kurzwelligen Sonnenstrahlen hindurchkommen, aber die langwelligen Strahlen können sie nicht genügend entweichen lassen. Dadurch kommt eine Erwärmung der Luftschichten zustande, deren Hauptverursacher Wasserdampf, Kohlendioxid und Ozon sind. Kraftwerke, Industrie, Haushalte und Verkehr haben den größten Anteil am Ausstoß von Kohlendioxid in Deutschland.

Seit etwa 100 Jahren ist die Durchschnittstemperatur um ein Grad Celsius angestiegen. Das Schmelzen der polaren Eiskappen wird den Meeresspiegel höher steigen lassen. Im Norden Europas wird es mehr regnen als im Süden; Süditalien könnte tatsächlich zu einem wüstenähnlichen Gebiet werden.

 Wörteranzahl: 149

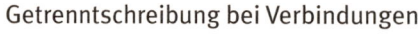

Getrenntschreibung bei Verbindungen
– aus Adverb (mit „-einander") und Verb: **auseinander setzen**
– zweier Verben: **entweichen lassen**
– aus Adjektiv (erweiter- oder steigerbar) und Verb: **höher steigen,** aber: **freigesetzt**
– aus „so", „wie", „zu" mit „viel": **so viel**

Zusammenschreibung bei Verbindungen
– aus Partikel und Verb: **hindurchkommen**
– aus bedeutungsverstärkendem Adjektiv und zweitem Adjektiv: **kurzwelligen, langwelligen**
– aus Substantiv und Adjektiv: **wüstenähnlichen**

Außenseiter

In einer Schulklasse werden Texte zum Thema Außenseiter gelesen. Jede Gruppe soll eine Geschichte auswählen. Die meisten Gruppen sind von Achim Brögers Text „Ihr dürft mir nichts tun" am stärksten beeindruckt. Hier soll eine Inhaltsangabe wiedergegeben werden: Eine Schulklasse soll einen neuen Schüler aufnehmen. Als allererste Information erfahren die Mitschüler von ihrem Klassenlehrer, dass Bernd, der Neue, krank sei und von seinen Klassenkameraden geschont werden müsse.

Bernd ist äußerlich auffällig, da er am Kopf eine kahle Stelle hat. Auch sein Verhalten ist nicht „völlig normal". Bernd nützt sogar seine Sonderrolle aus, sodass alle ziemlich wütend auf ihn werden.

Die Klassenkameraden lassen Bernd negative Aufmerksamkeit zuteil werden und isolieren ihn. Doch eigentlich isoliert er sich selbst, indem er seine Mitschüler provoziert und sich dann auf seine Krankheit zurückzieht. Nach einiger Zeit erkrankt Bernd erneut und muss die Klasse wieder verlassen. Sein Schicksal bleibt offen.

Haben ihn die Mitschüler durch ihr Verhalten ein Stück weit verloren gegeben?

 Wörteranzahl: 155

Getrenntschreibung bei Verbindungen
- aus Partizip und Verb: **verloren gehen**
- aus Adjektiv auf -ig, -isch oder -lich und Verb/Adjektiv: **völlig normal, ziemlich wütend**
- aus zusammengesetztem Adverb und Verb: **zuteil werden**
- aus „wieder" (im Sinn von „erneut") und Verb: **wieder verlassen**

Zusammenschreibung bei Verbindungen
- aus Partikel und Verb: **auswählen, zurückziehen, aufnehmen**
- aus bedeutungsverstärkendem Adjektiv und Adjektiv: **allererste**
- aus „wieder" (im Sinn von „zurück") und Verb: **wiedergeben**

Musik und Lernen

Linda geht jede Woche zweimal in die Musikschule. Sie spielt Bratsche. Das erste Mal ist sie im ganz normalen Unterricht und das zweite Mal hat sie Orchesterprobe. Da sie ein Instrument spielt, das hauptsächlich mit anderen Streichinstrumenten gemeinsam gespielt wird, kann sie keinen der beiden Termine wegfallen lassen. Auch im Schulorchester wäre Linda ein gern gesehenes Mitglied, denn die Bratsche wird so selten gespielt, dass die Stimme häufig von Geigen übernommen werden muss.

Oft übt Linda mächtig viel und es macht ihr auch richtig Spaß, vor allem wenn sie schöne Stücke aufbekommt. Manchmal übt sie natürlich auch etwas weniger. Ganz selten kommt es sogar vor, dass sie klagt, alles werde ihr zu viel. Doch der wohltuend warme Klang der Bratsche würde der ganzen Familie fehlen.

Außerdem ist es inzwischen unbestritten, dass Kindern, die ein Instrument spielen, auch das Lernen leicht fällt. Das Ausüben von Musik fördert die Konzentration und verbessert das Gedächtnis für Sprachen.

 Wörteranzahl: 153

Getrenntschreibung bei Verbindungen
– aus erweiter- oder steigerbarem Adjektiv und Verb: **gemeinsam gespielt, gern gesehenes, leicht fällt**
– aus „so", „wie", „zu" mit „viel": **zu viel**
– , die dekliniert sind, mit „mal": **das erste Mal**
– aus Adjektiv auf -ig, -lich oder -isch und Adjektiv/Adverb: **mächtig viel**

Zusammenschreibung bei Verbindungen
– aus Partikel und Verb: **wegfallen, übernommen**
– mit „mal" als Adverb: **zweimal**

Zurück zur Mädchen- und Jungenschule?

Der nach Mädchen und Jungen getrennte Unterricht ist inzwischen zu einem viel diskutierten Thema geworden. In der Unterstufe wird das Fach Naturphänomene vielfach schon in getrennten Gruppen unterrichtet. Dasselbe gilt ab Klasse sieben auch für Sport. Eine weitere Forderung ist dahin gehend, dass die naturwissenschaftlichen Fächer getrennt angeboten werden. Nach extremer Auffassung sollte gar kein Unterricht mehr gemeinsam stattfinden.
Will sich die Schule etwa wieder rückwärts entwickeln?

Einige Argumente sprechen für getrennten Unterricht:
Jungen und Mädchen können freier lernen, wenn sie nicht in bestimmten Rollen gesehen werden. Außerdem kann unterschiedliches Wissen stärker berücksichtigt werden.

Für naturwissenschaftliche Fächer oder den Unterricht am Computer sind diese Argumente leicht verständlich. Sobald aber der gesamte Unterricht gemeint ist, lässt sich der Sinn der Trennung wohl infrage stellen. Denn wie sollen junge Frauen und Männer miteinander leben, wenn sie nicht gelernt haben in der Schule miteinander auszukommen?

 Wörteranzahl: 142

MERKE

Getrenntschreibung bei Verbindungen
– aus Adverb (mit „-wärts", „-einander", als selbstständiges oder zusammengesetztes Adverb) und Verb/Partizip: **rückwärts entwickeln, miteinander auszukommen, dahin gehend, infrage stellen**
– aus erweiter- oder steigerbarem Adjektiv und Verb/Adjektiv: **viel diskutierten, leicht verständlich**

Zusammenschreibung bei Verbindungen
– aus Partikel und Verb: **auskommen**
– aus statt-, teil- mit einem Verb: **stattfinden**
– bei denen ein Bestandteil nicht selbstständig stehen kann: **vielfach**

Freie Fahrt für freie Bürger?

Des Öfteren kann man hierzulande beobachten, dass Menschen mehr oder weniger aus irgendeiner Gedankenlosigkeit oder aus Leichtsinn in Not gestürzt werden.

Man denke nur einmal an den Wahnsinn, der sich tagtäglich auf unseren Autobahnen abspielt! Hier genügt ein Moment der Unachtsamkeit, der geradewegs in die Katastrophe führen kann. Zuhauf kann man beobachten, dass Geschwindigkeitsbegrenzungen nicht eingehalten werden. Infolgedessen reicht schon zuallermeist ein kleinerer Fahrfehler aus, aufgrund dessen ein Wagen ins Schleudern gerät und einen Unfall verursachen kann. Zu Schaden kommen dabei oftmals nicht nur der Unfallverursacher, sondern auch Verkehrsteilnehmer, die sich im Straßenverkehr vorschriftsmäßig verhalten, aber in einer solchen Situation zweifelsohne machtlos sind.

Man kann sich vorstellen, wie auch den Angehörigen eines unschuldigen Unfallopfers zumute ist.

Auch die psychischen Folgen eines schweren Verkehrsunfalls sind Besorgnis erregend. Oftmals sind Verkehrsunfallopfer traumatisiert, sodass es ihnen schwer fällt, im normalen Alltagsleben wieder Fuß zu fassen. Ein normales, geregeltes Leben ist dann vielfach über Jahre hinweg unmöglich.

 Wörteranzahl: 153

> Getrennt schreibt man Verbindungen aus
> – steigerbarem Adjektiv und Verb: **schwer fallen**
> – Substantiv und Partizip: **Besorgnis erregend**
> – alle Verbindungen mit sein: **zumute/zu Mute sein**
>
> Zusammen schreibt man Verbindungen
> – mit irgend-: **irgendein**
> – eine Reihe von zusammengesetzten Adverbien: **zuallermeist, zweifelsohne**

Schlafwandeln

Es gibt Menschen, die nachts zweifelsohne nicht schlafen können. Einige wälzen sich nervös im Bett hin und her, nicht wenige schlafwandeln. Zu diesen Menschen gehört auch unsere gar nicht altersschwache siebzigjährige Tante Paula.

Jedes Mal wenn Vollmond ist, steigt sie aus ihrem Bett und treibt in der Dachkammer ihr Unwesen. Einmal sogar trieb sie es so arg, dass sie das Haus verließ, irgendein Fahrrad nahm, losradelte und sich letztendlich kopfüber in der Spree wiederfand.

Rat suchend wandten wir uns an einen Psychologen, weil wir uns außerstande sahen, unsere Tante zu bändigen. Keinesfalls dürften wir länger in der Stadt wohnen bleiben, da dies zu gefährlich sei. Wir gaben infolgedessen unsere Wohnung am Brandenburger Tor auf und zogen ihretwegen aufs Land.

Tante Paula aber lachte sich ins Fäustchen. Schon kurze Zeit nach unserem Umzug schloss sie nähere Bekanntschaft mit einem Nachbarn in ihrem Alter, der angeblich just zu dieser Zeit schwindsüchtig geworden sei. Augenzwinkernd versicherte sie uns aber, dass ihr neuer Bekannter kerngesund sei. Er wollte nur zurück in die Stadt, um zu seinem Sohn, einem stadtbekannten Psychologen, zu ziehen …

 Wörteranzahl: 179

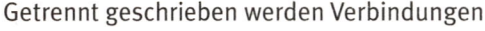

Getrennt geschrieben werden Verbindungen
– aus artikellosem Substantiv und Verb: **Rat suchen**
– mit „mal", wenn es dekliniert wird: **jedes Mal**
– aus Ableitungen von geographischen Namen, die auf -er enden:
   Brandenburger Tor

Zusammen schreibt man Verbindungen aus
– verblasstem Substantiv und Verb/Adverb: **schlafwandeln, stadtbekannt**
– Partikeln und Verben: **losradeln**
– Adjektiven, Adverbien, Konjunktionen und Pronomen, wenn die einzelnen Teile nicht mehr selbstständig stehen können: **zweifelsohne**

Big Brother

Mit einer Quote von über sieben Millionen Zuschauern übertraf die Finalsendung der zweiten Staffel der Containershow die bisherigen Quoten. Fast 39 Prozent der 14- bis 49-Jährigen verfolgten live den Sieg der Jura-Studentin Alida. Den Angaben einer Medienagentur zufolge hatte die Wochenend-Sendung aus dem Wohncontainer in der Nähe der Stadt Köln durchschnittlich 4,21 Millionen Zuschauer vor die Fernsehgeräte gelockt.

Trotz dieses Erfolges hatten die cleveren „Big Brother"-Macher am Ende der zweiten Staffel mit einem Zuschauerrückgang zu kämpfen. Dennoch scheint die Vermarktung der Show noch lange nicht an ihre Grenzen gelangt zu sein: Im RTL-Club-Magazin werden „BB"-Artikel vom Badetuch bis zum Brettspiel angeboten. Und auch die Kandidaten der zweiten Staffel üben sich im Musikgeschäft: Nach dem „Nominator" Christian soll der zweitplatzierte Harry nun einen Hit liefern. In Amerika soll er auf einer Harley-Davidson sitzend seine Sangeskunst zum Besten zu geben.

Big Brother scheint sich also etabliert zu haben, trotz des Zuschauerrückgangs. Es bleibt allerdings abzuwarten, ob die Kandidaten der ersten und zweiten Staffel wirklich langfristig imstande sein werden, einen kontinuierlichen Erfolg zuwege bringen zu können.

 Wörteranzahl: 173

Getrennt geschrieben werden Verbindungen
– mit „sein": **imstande sein**

Zusammen schreibt man Verbindungen
– aus mehreren Adjektiven, von denen eines nicht selbstständig stehen kann: **langfristig**
– von Substantiven mit Fremdwörtern aus dem Englischen: **Wohncontainer**
Vor allem bei längeren Zusammensetzungen können diese auch mit Bindestrich geschrieben werden: **RTL-Club-Magazin**

Frauen in der Bundeswehr

Das Jahr 2001 begann für die Bundeswehr mit einer bahnbrechenden Reform, da seit Januar Frauen der Dienst an der Waffe nicht verwehrt werden darf. Einer selbstbewussten 23-jährigen Elektronikerin ist dies zu verdanken. Sie erstritt zwei Jahre zuvor vor dem Europäischen Gerichtshof in Luxemburg das Recht, den Waffendienst ableisten zu dürfen. Der Präsident des Gerichtshofes verkündete daraufhin, dass auch Deutschland den Dienst an der Waffe für Frauen öffnen müsse.

Endgültig vorbei ist damit die Zeit, dass Frauen beim Bund „nur" als Krankenschwestern im Sanitätsdienst oder an der Klarinette im Militärmusikcorps eingesetzt werden. Sicherlich mag dies für erzkonservative militärische Hardliner eine Grauen erregende Vorstellung gewesen sein. Keinen Grund zur Beunruhigung sieht indes die vorwärts blickende Militärführung, die in dieser Aufsehen erregenden Reform nur Positives zu sehen scheint. So äußerte sich anlässlich des Dienstantrittes von vier Soldatinnen bei der Artillerie im westfälischen Dülmen ein vorgesetzter Hauptmann dahin gehend, dass er keine Bedenken hege: „Ich habe zwei Frauen zu Hause", schlussfolgerte der Hauptmann, „ich weiß, was die leisten können."

 Wörteranzahl: 166

MERKE

Getrennt schreibt man Verbindungen aus
– artikellosem Substantiv und Partizip: **Grauen erregend, Aufsehen erregend**
– Adverb und Verb/Partizip: **dahin gehend, vorwärts blickend**

Zusammen schreibt man Verbindungen aus
– Wortverbindungen mit verblassten Substantiven: **schlussfolgern, bahnbrechend, erzkonservativ**

Der moderne Fußball

„Den Fußball von heute", so hört man an den Stammtischen immerzu reden, „den kannst du getrost vergessen. Die jungen Spieler von heute sind doch nur auf das große Geld aus. Schwindel erregende Summen sind doch da im Spiel!"

Landaus, landein kann man dieses Klagelied hören. Der Fußball sei zu kommerziell geworden, gigantische Ablösesummen würden bezahlt, die Stars seien schrecklich verwöhnt. Was für Argumente da zutage gefördert werden! Beifall heischend wird behauptet, dass früher alles besser gewesen sei. Des Weiteren seien die dauernden Werbeunterbrechungen im Privatfernsehen ja nicht zum Aushalten.

Aber seien wir doch einmal ehrlich: Der Fußball hat sicherlich in den letzten Jahren sein Gesicht gründlich verändert. Aber gäbe es ohne diese Veränderung die mächtig spannenden Champions-League-Spiele, bei denen die Fans regelrecht Kopf stehen? Oder die hypermodernen Stadien, die die Herzen der echten Fans höher schlagen lassen?

Nein, die oben stehenden Ansichten sind nur schwer verständlich und Ausdruck einer rückwärts gewandten Einstellung. Vielmehr ist es doch so, dass die Entwicklung der letzten Jahre richtunggebend war. Wie sonst wäre es möglich geworden, dass 2006 die Weltmeisterschaft wieder in Deutschland stattfindet?

◎ Wörteranzahl: 179

MERKE

Getrennt schreibt man Verbindungen
– aus Substantiv und Verb/Partizip: **Schwindel erregend, Kopf stehen**
– aus steigerbarem Adjektiv und Adverb: **schwer verständlich**
– wenn das erste Wort auf -ig, -isch, -lich endet: **schrecklich verwöhnt**

Zusammen schreibt man
– Verbindungen aus Substantiv und Partizip/Adverb ohne Präposition und Artikel: **richtunggebend**
– eine Reihe von Adverbien: **landaus, landein, immerzu**

Urpferde sahen ganz anders aus

Pferde waren nicht immer so groß, wie sie heute sind. Das Urpferd, das vor 50 bis 60 Millionen Jahren lebte, war ungefähr 40 Zentimeter groß. Der Eohippus, so nennen wir das Tier, war also nicht größer als ein Fuchs. Er hatte keine Hufe, sondern vier Zehen.

Aus dem Eohippus entwickelte sich ein Pferd, das so groß wie ein Schaf war, der Mesohippus. Weil die äußeren Zehen nicht benutzt wurden, bildeten sie sich allmählich zurück. Die mittleren Zehen entwickelten sich zu einem kräftigen Huf. Es entstand der erste Einhufer. Er hatte schon längere Zähne und konnte Gras fressen. Er war so groß wie ein Esel und lebte vor ungefähr 10 Millionen Jahren in den Grassteppen von Nordamerika.

Schon in der Vorgeschichte begannen die Menschen, Pferde zu zähmen. Heute gibt es kaum noch frei lebende Wildpferde.

 Wörteranzahl: 134

Den stimmlosen (gezischten) s-Laut schreibt man als
– „s": **es**
– „ss": **fressen**
– oder „ß": **groß**

Der Feldhase

Immer seltener sehen wir auf unseren Feldern und Wiesen den Feldhasen. Seine Feinde sind nicht nur Fuchs, Wiesel, Hund und Katze, sondern vor allem der Mensch.

Einmal, weil dieser ihn jagt, um ihn zu verspeisen. Zum anderen, weil er ihm seine Lebensräume wegnimmt. Auf den riesigen unkrautfreien Feldern findet der Feldhase kaum noch die Hälfte der 95 Wildpflanzen, die eigentlich zu seinem gesunden Speiseplan gehören. Sobald die Ernte begonnen hat, ändert sich in wenigen Tagen seine gesamte Umwelt.

Wo gerade noch Pflanzen wuchsen, ist plötzlich eine riesige kahle Fläche. Der Hase erleidet dann wie auch die anderen Feldtiere, Fasan, Feldhamster und Rebhuhn einen regelrechten Ernteschock. Nahrung und Verstecke sind vernichtet. Wie soll er sich nun vor Hunger und Feinden schützen?

 Wörteranzahl: 120

Den stimmhaften (gesummten) s-Laut schreibt man immer als s.

Antarktis in Gefahr

Sieben Nationen beanspruchen Teile der Antarktis, des südlichsten Kontinents auf unserem Globus. Es ist kein Geheimnis, dass sie auf die Bodenschätze lauern, die es in dieser Eiswüste gibt. Doch zum Glück ist der Abbau der dortigen Bodenschätze noch zu teuer. 1990 verzichteten die Länder, die in der Antarktis Forschung betreiben, für fünfzig Jahre auf die Ausbeutung dieser Bodenschätze.

Für den industriellen Fortschritt mag das ein Hindernis sein, für die Menschen ist es ein Glück, denn durch den Bergbau würden dort große Schäden entstehen, die für die gesamte Menschheit gefährlich wären.

Erlebnisreisen führen heute immer öfter Menschen in dieses Gebiet. Das Bedürfnis, diese außergewöhnliche Landschaft zu sehen, ist verständlich, aber zu viele solcher Schiffe verschmutzen das Meer und stören die Tiere.

 Wörteranzahl: 120

Der s-Laut von Wörtern mit der Endung -is und -us wird immer s geschrieben: **Geheimnis**

Der Strauß

Der größte zurzeit lebende Vogel ist der Strauß. Er ist ein außergewöhnlicher Vogel, denn er kann nicht fliegen. Er kann sich nur zu Fuß fortbewegen.

Er bewohnt die Wüsten und Steppen Afrikas und Westasiens. Ungefähr 2,5 m über dem Boden befindet sich der kleine Kopf mit den großen Augen. Seine Beine sind ungefähr genau so lang wie sein Hals, der nur mäßig mit borstenähnlichen Federn bewachsen ist. Das Gefieder des männlichen Straußes ist glänzend schwarz. Leuchtend weiße Federn treten daraus hervor.

Auf kurzen Strecken kann er so schnell laufen, dass ein Rennpferd ihm kaum folgen kann. Seine Schritte können bis zu 4 Meter lang sein. Es heißt, der Strauß stecke bei Gefahr seinen Kopf in den Sand, aber beobachtet hat es noch niemand.

 Wörteranzahl: 122

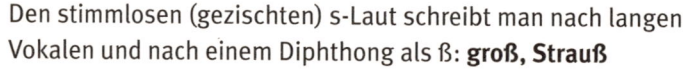

Den stimmlosen (gezischten) s-Laut schreibt man nach langen
Vokalen und nach einem Diphthong als ß: **groß, Strauß**

Trinkwasser, unser wichtigstes Lebensmittel

Täglich braucht der Mensch mehrere Liter Wasser. Während er viele Tage lang ohne Essen auskommen könnte, muss er spätestens nach drei Tagen etwas trinken.

Wasser ist also sehr kostbar. Die meisten Menschen finden, dass frisches sauberes Trinkwasser einfach herrlich schmeckt. Es ist kaum zu fassen, dass es manchmal ein paar hundert Jahre unter der Erde war.

Da manche Leute heute nicht mehr wagen, Wasser aus dem Wasserhahn zu trinken, kaufen sie Flaschen gefüllt mit Grundwasser, das aus klaren Seen und Flüssen geholt wird, die viele Meter unter der Erde liegen. Dieses Wasser ist ganz allmählich durch Sand und Gestein gesickert, wobei es besser gereinigt und frisch gehalten worden ist, als das den Menschen mit ihren Apparaten und Kühlschränken möglich ist.

 Wörteranzahl: 120

Den stimmlosen (gezischten) s-Laut schreibt man nach kurzen Vokalen als ss: **Wasser, besser**

Manege frei!

Die Begeisterung war riesig, als unsere Lehrerin einen Klassenausflug in den Zirkus vorschlug. Mit der Straßenbahn fuhren wir zur Vorstellung. Nachdem uns der Direktor begrüßt hatte, trat der erste Artist auf: Ein Messerwerfer ließ seine spitzen Geschosse durch die Luft sausen. Die schusseligen Clowns machten ihre Späße mit einem Affen. Statt den Clowns eine Kokosnuss zuzuwerfen, aß er sie genüsslich auf. Dann kam ein Elefant in die Manege. Mit seinen großen Füßen stieg er behutsam über Hindernisse. Plötzlich schnappte er sich einen Eimer mit Putzwasser, steckte seinen Rüssel in das Gefäß, saugte die dreckige Soße auf und blies sie den Clowns ins Gesicht. Wir prusteten vor Lachen. Was für ein lustiger Klassenausflug!

 Wörteranzahl: 112

Das stimmhafte (gesummte) s schreibt man als einfaches „s":
riesig, blies, sausen

Das stimmlose (gezischte) s schreibt man
– nach Diphthong (au, äu, eu, ei, ie) und langem Vokal als „ß":
   Späße, Gefäß, ließ
– nach kurzem Vokal oder Umlaut als „ss": **Rüssel, Genuss, Geschosse**
– in Wörtern mit den Endungen -is, -as, -us, -nis als „s": **Zirkus**

Glaskunst

Heinrich, der Glasglockengießer, arbeitet jeden Tag wie besessen. Von morgens bis abends muss er Glas verflüssigen, Maß nehmen und Gussformen vorbereiten. Er weiß, dass er das besser kann als alle anderen, deshalb kommen Interessierte aus der ganzen Welt zu ihm. Sogar Prinzessin Vanessa will eines seiner gar nicht hässlichen Kunstwerke besitzen. Die sind nämlich keine Massenware, denn jede Glocke sieht anders aus. Der Meisterastronom von Wiesbaden bestellt zum Beispiel regelmäßig zu Ostern Globusglocken. Der wissbegierige Bürgermeister von Düsseldorf dagegen kauft stets Kontrabässe in blassen Blautönen. Einmal hatten diese Glocken Risse auf der Außenseite, da verkaufte sie Heinrich zum halben Preis. Seine bekannteste Spezialität sind jedoch kleine Kristallherzen, die wie flüssiges Eis aussehen. Wer sie küsst, hört die schönsten Liebeslieder der Welt.

 Wörteranzahl: 118

MERKE

Das stimmlose s:
– nach kurzem, betonten Vokal steht „ss": **muss, dass, Prinzessin**
– bei Fremd- oder Lehnwörtern steht nach kurzem Vokal auch einfaches „s": **Globus**
– nach langem Vokal oder Diphthong schreibt man „ß": **Maß, Außenseite**

Herr Gantenbein macht Urlaub

Das Reisebüro hatte Herrn Gantenbein Ferien auf dem Pferdehof empfohlen. Jetzt freute er sich, dass er die großen Vierbeiner endlich näher kennen lernen konnte. Bislang wusste er von den edlen Tieren nur aus Gedichten und Erzählungen. Während der Begrüßung auf der Koppel stand er so ungünstig, dass ihm ein großer, schwarzer Wallach auf den Fuß trampelte. Das regte ihn so sehr auf, dass er sich bei der Besitzerin des Reitstalles beschwerte. Aber die zeigte nur auf das Schild, das am Eingang stand. Darauf war zu lesen, dass jeder Besucher alte Schuhe anziehen sollte. Das hatte Herr Gantenbein wohl übersehen. Jetzt ärgerte er sich, dass er nur seine teuren, glänzenden Tanzschuhe dabei hatte. „Das sollte mir nicht mehr passieren", dachte er sich und für den Rest seiner Ferien lief er nur noch barfuß durch die Gegend.

 Wörteranzahl: 135

Die Konjunktion „dass" wird mit „ss" geschrieben.

Mit „s" geschrieben werden:
– der Artikel „das": **das Reisebüro**
– das Relativ- und Demonstrativpronomen „das": **das Schild, das ...**

Die Loreley geht zum Friseur

Seit langem geht die Loreley zu Friseur Sausemann, um sich ihr seidenweiches Haar immer wieder blond färben zu lassen. Was soll sie machen? Sie ist schließlich nicht mehr die Jüngste. Aber trotz ihrer hundertsiebzig Jahre soll sie immer noch auf dem kalten Felsen am Rhein sitzen und ihr schillerndes Haar kämmen. Jetzt hat sie die Nase voll. Immer diese Sehnenscheidenentzündung! Sie geht zu ihrem Friseur und lässt sich mit einem Rasierapparat eine Glatze schneiden. „Super", denkt sich die Loreley, „endlich nicht mehr kämmen!" Nun kann sie dafür jeden Tag Zeitung lesen! Den goldenen Kamm, den sie nicht mehr braucht, verkauft sie im Seniorentreff. Das Geld verwendet sie für Sonnencreme im Sommer und eine Pudelmütze im Winter. Ob sie auch ein Glatzenpoliermittel braucht?

 Wörteranzahl: 122

Das stimmhafte s wird immer als einfaches „s" geschrieben:
sie, Felsen, lesen

Eiskalter Minister

Das hessische Kinderparlament hat ein neues Gesetz erlassen, das jedem Kind erlaubt, im Deutschunterricht äußerst saures Wassereis zu essen. Spaßminister Ludwig Lachmuskel erklärt dazu, dass der meist langweilige Deutschunterricht zu einem Problem geworden sei. Er führe nicht mehr zu ausgelassener Stimmung. Nach dem Motto „Sauer macht lustig" darf das Eis dann genossen werden, wenn Schüler massenhaft gähnen oder Schülerinnen zu laut schnarchen. Zur Vorsorge bekommen alle Lehrer und Schuldirektoren täglich eine besonders saure, fußballgroße Portion. Sollte der Eisvorrat an einer besonders langweiligen Schule einmal ausgehen, muss das Eis selbst gemacht werden. Dazu müssen ein Liter Essig, dreißig Zitronen, ein Glas saure Gurken und ein Fass Sauerampfer verrührt und dreißig Stunden lang eingefroren werden.

 Wörteranzahl: 113

> Das stimmlose s:
> – nach langem Vokal oder Diphthong steht ein „ß": **fußballgroß, äußerst**
> – nach einem kurzen Vokal steht „ss": **essen, massenhaft, Fass**
> – bei Fremd- und Lehnwörtern steht meist ein einfaches „s": **Minister, Eis**

Fasching bei den Bienen

Jedes Jahr im Februar gerät das Bienenvolk in Aufruhr. Der bevorstehende Karneval lässt tausende Insekten emsig summen. Und wie jedes Jahr gibt es einen hässlichen Streit, welche der fleißigen Sammlerinnen sich als Königin verkleiden darf. Dieses Mal wird eine dicke Riesenhummel ausgesucht, die im Bienenstock seit September Asyl gefunden hat. Sie führt den Blütenumzug an, der rund um einen blassen Kürbis ziehen wird. Sieben Bienenkinder sitzen auf besonders verzierten Sonnenblumen und quasseln ohne Unterlass. Nebenbei werfen sie süße Honigbonbons, die surrend in die singende Menge sausen. Ein Insekt im Wespenkostüm wird mit Nektarinensaft nass gespritzt. Nach Sonnenuntergang feiern alle ausgelassen, bis in den frühen Morgenstunden der Tau auf die Wiesen prasselt.

 Wörteranzahl: 111

Das stimmhafte s wird immer als „s" geschrieben: **emsig, summen, sausen**

Das stimmlose s wird geschrieben
– nach einem kurzen Vokal als „ss": **hässlich, quasseln, nass**
– nach einem langen Vokal oder Diphthong als „ß": **süß, fleißig**
– bei Fremd- und Lehnwörtern mit einem einfachen „s": **Kürbis, Bus, Mais**

Zeit ist relativ

Die meisten Menschen kennen Situationen, in denen man den Eindruck hat, dass die Zeit stehen bleibt. Vor allem manche Schulstunden ziehen sich fast endlos in die Länge; alle zwei Minuten schaut man auf die Uhr, nur um festzustellen, dass einen noch Ewigkeiten von der heiß ersehnten Pause trennen. Und bevor man wieder in ein sanftes Dösen versinkt, kann man es gar nicht fassen, dass kurz zuvor beim hastigen Morgenstress die Zeit nur so davongerast ist.

Das lässt sich aber leicht erklären, denn man nimmt das Vergehen von Zeit nicht objektiv, sondern subjektiv wahr. Jeder weiß, dass glückliche Augenblicke sehr schnell vergehen und dass man in Zeiten von Traurigkeit und Depression in ein beinahe bodenloses Zeitloch fällt. Das liegt daran, dass in unserem Gehirn jedes Ereignis, das passiert, mit einer Art Zeitmarkierung erfasst wird. Wenn zahlreiche Ereignisse schnell aufeinander folgen, tickt der innere Zeitmesser schneller. Das heißt, eine interessante und abwechslungsreiche Schulstunde vergeht im Fluge, der verhasste todlangweilige Unterricht in einem anderen Fach findet kein Ende. Auch wenn man verreist, lässt sich erkennen, dass man Zeit mit einem unterschiedlichen Maß misst: Der erste Ferientag scheint gegen Ende des Urlaubs Ewigkeiten zurückzuliegen, dabei sind nur 2 Wochen vergangen.

 Wörteranzahl: 196

> - Das stimmhafte s schreibt man immer „s": **Pause, das Dösen**
> - Nach einem langen Vokal oder einem Diphthong schreibt man das stimmlose s „ß": **heiß, Maß**
> - Nach kurzem Vokal schreibt man das stimmlose s „ss": **fassen**
> - „das" ist entweder Artikel, Relativ- oder Demonstrativpronomen: **das** Ereignis, **das** ..., **Das** liegt daran ...
> - „dass" kommt nur als Konjunktion vor: Man hat den Eindruck, **dass** ...

Unangenehme Post

Sehr geehrte Frau Mustermann,

ich muss Sie darauf aufmerksam machen, dass das Verhalten Ihres Sohnes Markus in letzter Zeit Anlass für eine gewisse Besorgnis gab. Zum einen fällt seine Unkonzentriertheit im Unterricht auf, zuweilen scheint er zu dösen oder gar in tiefen Schlaf zu verfallen. Manche Lehrkräfte beklagen sich, dass er während der Stunde isst, obwohl er mehrmals darauf hingewiesen wurde, dass das Verspeisen von Mahlzeiten ausschließlich in der Pause zulässig ist. Hinzukommt eine wiederholte Vergesslichkeit, die sich nicht nur auf die häuslichen Arbeiten bezieht, sondern ebenso auf die für den Unterricht notwendigen Materalien. Seine beinahe täglichen Verspätungen erklärt er mit einer ungünstigen Busverbindung. Mehrmals musste ihm überdies zwar unmissverständlich, aber dennoch vergeblich klar gemacht werden, dass es unpassend ist, außerhalb der Faschingszeit kostümiert im Unterricht zu erscheinen. Wie Sie sicherlich wissen, haben seine Leistungen erheblich nachgelassen, und er weist in allen Fächern große Lücken auf. Da sich die oben erwähnten misslichen Vorfälle in erheblichem Maße gehäuft haben, halte ich es für unerlässlich, dass wir in einer meiner Sprechstunden geeignete Maßnahmen erwägen, wie Ihr Sohn in Zukunft in wünschenswerter Weise am Schulleben teilnehmen sollte.

Mit freundlichen Grüßen, der Schulleiter.

 Wörteranzahl: 189

MERKE

- Das stimmhafte s schreibt man immer „s": **Besorgnis, Weise**
- Nach einem kurzen Vokal schreibt man das stimmlose s meistens „ss": **isst, musste**
- „dass" kommt nur als Konjunktion vor: beklagen sich, **dass** …
- Nach einem langen Vokal oder einem Diphthong scheibt man das stimmlose s „ß": **ausschließlich, Grüßen**

Ausgegrenzt

Kennst du das? Da stehen ein paar Klassenkameraden auf dem Pausenhof. Du willst dich zu ihnen gesellen, ein bisschen mitschwatzen. Doch kaum stehst du bei ihnen, verstummt das Gespräch. Dass irgendetwas nicht stimmt, das merkst du sofort. Du kannst natürlich versuchen, gelassen zu bleiben, das letzte Fußballspiel zu erwähnen oder einen Witz zu reißen. Aber spätestens, wenn alle in die Luft schauen oder sich zerstreuen, weißt du es mit Gewissheit: Du bist ein Außenseiter.

Dass Menschen ausgeschlossen werden, kommt immer wieder vor. Dabei geben sie oft keinen anderen Anlass für diese Ablehnung, als dass sie nur anders sind. Es muss gar nicht die Hautfarbe sein oder eine Behinderung. Für eine Ausgrenzung reicht manchmal schon, dass man sich anders kleidet oder anders denkt.

Aber hat nicht schließlich jeder seine Eigenheiten, mit denen er sich von anderen unterscheidet? Es ist ein ziemlich grässliches Gefühl nicht dazuzugehören. Außerdem kann es jedem passieren, der sich in einer neuen Umgebung anpassen muss. Lasst also nicht zu, dass dies bei euch geschieht und vergesst nicht, dass es ein Armutszeugnis ist, sich auf Kosten anderer zu beweisen.

 Wörteranzahl: 180

> **MERKE**
>
> – Das stimmhafte s schreibt man immer „s": **gesellen, beweisen**
> – Nach einem langen betonten Vokal oder einem Diphthong schreibt man das stimmlose s „ß": **Fußballspiel, reißen, weißt**
> – Nach einem kurzen Vokal schreibt man das stimmlose s meistens „ss": **Gewissheit, grässlich**
> – „das" als Artikel: **das** Gespräch
>   „das" als Demonstrativpronomen: Kennst du **das**?
>   „dass" kommt nur als Konjunktion vor: **Dass** Menschen …

Urlaubsstress

Wenn man verreisen will, muss man aufpassen, dass man nichts Wichtiges vergisst. Der klassische Fall ist, dass man einen Tag vor der Abreise in ein fernes Land feststellt, dass der Pass schon seit Monaten abgelaufen ist. Wenn man schnell zum Rathaus hastet und Glück hat, trifft man auf einen gnädigen Beamten, der einem vor Dienstschluss die notwendigen Ersatzdokumente verschafft. Aber Vergesslichkeit kann sich auch auf andere Weise als sehr misslich erweisen. Das ist beispielsweise der Fall, wenn man genüsslich im Zug zum Flughafen sitzt und einem einfällt, dass man im letzten Moment versäumt hat, die Terrassentür zu schließen, die nun drei Wochen lang sperrangelweit offen stehen wird. Wer sich nicht auf hilfsbereite Nachbarn verlassen kann, wird seine sonnigen Ferientage nicht in der gebotenen Muße verbringen können. Manchen Fernreisenden ist es auch schon passiert, dass sie erst am Flughafenschalter das Fehlen eines notwendigen Visums feststellen. Es ist auch nicht besonders spaßig, wenn man dort genau die Gepäcktasche vermisst, in der sich die sündhaft teure Fotoausrüstung befindet, weil man sie im Zug zurückgelassen hat. So kann man den Urlaub nicht selten erst dann mit Lust und ohne Frust genießen, wenn man sich von dem Stress der Vorbereitungen erholt hat.

 Wörteranzahl: 197

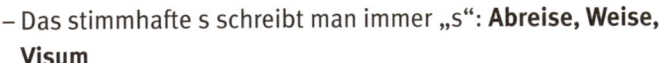

- Das stimmhafte s schreibt man immer „s": **Abreise, Weise, Visum**

- Nach einem betonten Vokal oder einem Diphthong scheibt man das stimmlose s „ß": **schließen, Muße, spaßig**
- Nach einem kurzen Vokal schreibt man das stimmlose s meistens „ss": **klassisch, vergisst**
- „das" als Demonstrativpronomen: **Das** ist der Fall …
  „dass" kommt nur als Konjunktion vor: …, **dass** man nichts versäumt

Eine Klassenfahrt nach Würzburg?

Tausende von Touristen strömen täglich in das „Kleinod am Main", das trotz der verheerenden Bombenangriffe an vielen Gebäuden und Fassaden der Innenstadt den Einfluss zahlreicher Kulturepochen erkennen lässt. Viele Museen und Schlösser versprechen dem Kunstinteressierten Muße, und gewaltige Kirchen flößen Ehrfurcht und Respekt ein.

Wer gerne isst und trinkt, kommt in der Stadt, die auch das „Weinfass am Main" genannt, voll auf seine Kosten und nicht nur der eine oder andere Durchreisende, sondern auch so mancher Student hat wegen des „süßen Lebens" seinen Aufenthalt in dieser Stadt sinnvollerweise verlängert.

Junge Besucher können mit einem Freizeitpass ganz andere Attraktionen genießen: nicht nur zahlreiche Freizeitanlagen, sondern auch vielfältige Fitness-Zentren verlocken zur sportlichen Aktivität, die man abends in einer der Diskos auf andere Weise umsetzen kann. Mindestens zwei riesige Kinos bieten täglich eine umfassende Auswahl aktueller Filme.

Zum Schluss noch eine besondere Attraktivität: An den Flussufern des Mains finden jedes Jahr viel besuchte Musikfestivals statt: „umsonst und draußen" spiegelt die aktuelle Szenemusik wieder, beim Afrika-Fest ertönen heiße Rhythmen aus dem afrikanischen und karibischen Raum.

 Wörteranzahl: 171

> **MERKE**
>
> – Das stimmhafte s schreibt man immer „s": **Tausende, Weise**
> – Nach einem langen betonten Vokal oder einem Diphthong scheibt man das stimmlose s „ß": **draußen, flößen**
> – Nach einem kurzen Vokal schreibt man das stimmlose s meistens „ss": **Weinfass**

Der Start

Weil Formel-1-Autos keinen Anlasser haben, werden sie von außen in der Startaufstellung angelassen. Das Feld fährt los und geht in die Einführungsrunde, in der kein Fahrer überholen darf. In langsamem Tempo wird eine Runde gefahren, damit die hochsensiblen Reifen auf die richtige Betriebstemperatur kommen.

Langsam fährt das Feld auf die Start- und Zielgerade zu, und jedes Fahrzeug rollt zu seinem Startplatz. Wenn alle Fahrzeuge stehen, beginnt der Start, der interessanteste und gefährlichste Moment bei einem Formel-1-Rennen.

Über der Start- und Ziellinie sind fünf rote Ampeln angebracht, die nacheinander aufleuchten. Jetzt sind alle fünf Ampeln rot, die Spannung ist auf dem Höhepunkt! Plötzlich gehen die Lichter aus, und der Start ist freigegeben. Die Fahrer beschleunigen und schießen auf die erste Kurve zu, in der hoffentlich alles gut geht.

 Wörteranzahl: 127

Wörter mit Dehnungs-h: **fährt, Fahrer, Einführung**
und gesprochenem h: **Höhepunkt, gehen**

Gar nicht so einfach für kleine Fohlen!

Fohlen kommen im Frühjahr zur Welt, nachdem sie elf Monate im Leib der Mutter waren. Schon zwei Stunden nach der Geburt kann das Fohlen stehen.

Es fällt ihm zunächst gar nicht so leicht, auf den langen, dünnen Beinen zu stehen und zu gehen. Da ist nach mehreren Versuchen eine Belohnung und Stärkung angesagt. Das Pferdekind sehnt sich nach einer wohlschmeckenden Milchmahlzeit. Und ganz ehrlich, die hat es nach der Anstrengung auch verdient! Ein Fohlen kann bis zu zehn Liter Milch pro Tag trinken.

Wenn es Gras frisst, muss es seine Vorderbeine spreizen, denn sein Hals ist noch ziemlich kurz. Fohlen sind neugierig und erkunden gerne das Gelände. Aber sie sind auch sehr ängstlich und laufen bei Gefahr sofort zu ihrer Mutter. Um sich ganz sicher zu fühlen, verstecken sie sich unter ihr.

 Wörteranzahl: 132

Kennzeichnung für die Dehnung
ist die Schreibung mit Dehnungs-h: **ihm, Fohlen, zehn**

Kennzeichnung für die Schärfung
ist die Schreibung von Doppelkonsonanten: **Mutter, dünnen**

Der tödliche Stich

Ein Haustier besonderer Art ist die Honigbiene. Sie war ursprünglich ein Waldtier, das seine Waben in hohlen Bäumen gebaut hat. Heute halten Imker die Bienen in Bienenstöcken, d. h. in Holzkästen, deren Deckel oder Hinterwand abgenommen werden kann.

Die Menschen lieben und bewundern diese fleißigen und tüchtigen Tiere. Aber sie haben auch Angst vor ihnen. Sie haben Angst vor einem Bienenstich. Doch für wen ist dieser Stich schlimmer, für den Menschen oder für die Biene?

Sticht die Biene ein Insekt, kann sie ihren Stachel wieder herausziehen. In der elastischen Haut des Menschen aber bleiben die Stechborsten wegen der Widerhaken haften. Beim Wegfliegen wird der ganze Giftapparat der Biene aus dem Körper gerissen. Daran geht die Biene kurz darauf zugrunde.

 Wörteranzahl: 118 Wörter

Kennzeichnung für die Dehnung
– des i ist die Schreibung als ie: **Biene, Tiere**
– ist die Schreibung mit Dehnungs-h: **ihnen, ihren**
– ohne Kennzeichnung steht das lange i in „wider" im Sinne von „gegen":
  Widerhaken

Die Weinbergschnecke

Weinbergschnecken finden wir nicht nur in Weinbergen, sondern auch in Gärten, feuchten Wiesen und Hecken. Da sie feuchte Luft zum Leben brauchen, verstecken sie sich bei trockenem Wetter.

Die Weinbergschnecke besteht aus einem harten Gehäuse und einem weichen, nackten Körper. Wenn das kriechende Tier seinen Weichkörper aus dem Gehäuse hervorstreckt, erkennt man einen kleinen Kopf und einen mächtigen Fuß. Ein Teil des Weichkörpers bleibt immer im Gehäuse verborgen. Wir nennen ihn den Eingeweidesack, weil dort alle Eingeweide verborgen sind. Am Kopf erblicken wir den Mund und zwei Paar Fühler. An dem längeren Fühlerpaar entdecken wir zwei schwarze Punkte, die Augen.

Im Winter verkriecht sich die Schnecke in den lockeren Boden und verschließt ihr Haus mit einem dicken Deckel.

 Wörteranzahl: 118

Kennzeichnung für die Schärfung
– Schreibung mit Doppelkonsonanten: **erkennt, immer**
– Schreibung von ck, wobei dies stellvertretend für Doppel-k steht:
 Schnecke, Deckel
Achtung bei der Trennung von ck, es darf nicht getrennt werden:
Schne-cke, De-ckel

Blumenkohl soll heiraten

König Rosenkohl lud seinen Sohn Blumenkohl vor den Thron und sagte zu ihm: „Es wird Zeit, dass du den Ruhm des Königreiches mehrst und dich vermählst. Du hast nämlich längst das Alter dazu. Als ehrenwerte Braut habe ich dir die schöne Rosine erwählt. Ihre Haare leuchten so rot wie Mohn." Blumenkohl erwiderte: „Hoheit, wer hat euch diesen doofen Floh ins Ohr gesetzt? Ich nehme Rosine, dieses dämliche Huhn, nicht zur Frau!" Mit verdrießlicher Miene antwortete der König: „Du widersetzt dich? Ist das der Lohn für die Mühe, die ich mir mit deiner Erziehung gab?" Doch noch ehe sich Rosenkohl versah, war Blumenkohl aus dem Saal geflohen. „Was wird nur aus diesem Hohlkopf werden?", stöhnte Rosenkohl.

 Wörteranzahl: 115

MERKE

Dehnung durch
- Dehnungs-h: Hu**h**n, Ko**h**l, i**h**m, Mo**h**n, ne**h**me, Mü**h**e
- die Schreibung „ie" für das lange „i": verdr**ie**ßlich, d**ie**, M**ie**ne, w**ie**, d**ie**ses
- Doppelvokal: S**aa**l, d**oo**fen, H**aa**re

Weißes Gold

Porzellan wird auch weißes Gold genannt. Man kann daraus wunderschönes Geschirr wie Tassen, Schalen und Krüge herstellen oder Figuren formen. Porzellan ist zerbrechlich wie Glas, aber formbar wie Ton. Wenn man es nicht bemalt, ist es strahlend weiß. Könige und Fürsten schwärmten für seine zarte Schönheit. Sie zahlten dafür viele Goldtaler an Händler aus China. Nur die Chinesen wussten, wie man Porzellan herstellt und verrieten dieses Geheimnis niemandem.

Jahrelang ließ Fürst August von Sachsen nach dem rätselhaften Rezept forschen. Dazu hatte er einen Diener in ein Verlies eingesperrt. Dieser lüftete schließlich 1708 das Geheimnis. Das war die Geburtsstunde des Meißner Porzellans. Es verhalf dem Fürsten zu großem Reichtum und Wohlstand. Der arme Diener kam aber nicht frei, damit er das Rezept nicht weitersagen konnte.

 Wörteranzahl: 124

Dehnung durch
– Dehnungs-h: strahlend, jahrelang
– die Schreibung „ie" für das lange „i": viele, ließ, Diener

Nicht sichtbare Dehnung: zart, groß, China, Glas, Ton

Schärfung mit Doppelkonsonant: Porzellan, Geschirr, Tasse, kann, hergestellt, hatte

Das Wettfliegen

Harry Potter war ein sehr guter Flieger, das wusste jeder. Doch damit sein Freund Ron im Wettfliegen eine Chance gegen ihn hatte, schnappte er sich einen Wischmopp. Schon knallte der Startschuss und beide waren in der Luft. Beim Abheben war leider der Putzeimer am Mopp hängen geblieben, sodass Harry bei jeder Kurve das Wasser auf die Lippen schwappte. Als Ron wie ein Geschoss an ihm vorbeidonnerte, klappte Harry sein Zauberkittel ins Gesicht. Weil er so nichts mehr sehen konnte, schoss er geradewegs in Hagrids Hütte. Durch den Aufprall bei der Landung fiel eine von Hagrids zotteligen Monsterpuppen aus dem Regal in einen Topf mit vergammelter Bohnensuppe. Hagrid kochte vor Wut und verbannte Harry aus seinem Heim. Harry saß erschüttert auf der Fußmatte und dachte: „Ein Schrubber ist eben doch kein Feuerblitz."

 Wörteranzahl: 131

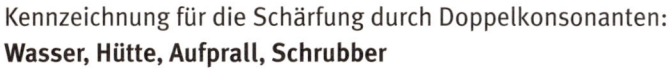

Kennzeichnung für die Schärfung durch Doppelkonsonanten:
Wasser, Hütte, Aufprall, Schrubber

Reingefallen

Vorsichtig öffnete der Dieb die Tür. Sie war nur angelehnt. Der Schlossbesitzer schlief so tief und fest wie der Wachhund, ein lahmer, zahmer Pudel, der keine Zähne mehr hatte. Vorsichtig lief der Einbrecher in das Wohnzimmer. Plötzlich rieb er sich die Augen: Vor ihm stand eine riesige Truhe aus reinem Gold. Sie war groß wie ein Ziegenstall. Mit einem Besenstiel hob er den Deckel an und schon leuchteten ihm zahlreiche Edelsteine entgegen. Gierig lehnte er sich über die Truhe und verlor dabei das Gleichgewicht. Der Deckel fiel ins Schloss und der Dieb in eine tiefe Ohnmacht. Am nächsten Dienstag befreite ihn die Polizei. Sie ahnte schon, wer dieser dämliche Dieb war: Diamanten-Dieter, der Dieb mit einem Hirn wie ein Sieb. Zum vierten Mal war er nämlich schon in die Truhe gefallen.

 Wörteranzahl: 131

Kennzeichnung für die Dehnung
– Schreibung von ie für das lange i: **Dieb, lief, gierig**
– Dehnungs-h: **lahm, zahm, Truhe**

Das Fest auf dem Feld

Gestern, als Ute spazieren ging, hörte sie hinter einer Hecke lautes Lachen und rasches Klatschen. Neugierig tastete sie sich durchs Gebüsch und erblickte auf einem Acker ein Dutzend Schnecken, die lustig wackelnd im Viereck tanzten. Auf einem Tisch hockten schmatzende Wanzen, die zuguckten und Zuckerecken schleckten. Rasche Rockmusik schallte von der winzigen Zeckenband herüber. „Was für ein glitschiges Fest", dachte Ute. Sie hoffte, nicht von einem der Gäste zum Tanz aufgefordert zu werden. Doch in diesem Augenblick hatte sie schon ein fescher Frosch entdeckt. Er hüpfte auf sie zu und zog sie auf die Tanzfläche. So schwang sie den ganzen Tag das Tanzbein und kam dabei ganz schön ins Schwitzen.

 Wörteranzahl: 110

Kennzeichnung für die Schärfung mit Doppelkonsonanten
– ck steht für kk: **Hecke, Acker, wackelnd**
– tz steht für zz: **Dutzend, schmatzend**

Achtung beim Trennen, tz wird getrennt, ck bleibt erhalten: **He-cke, Dut-zend**

Strafe muss sein

Michel saß wie jeden Morgen auf seiner Matte und meditierte. Er fühlte sich wie ein Urzeitvogel, als sein Blick auf die Uhr an der Wand fiel. Er wurde aschfahl im Gesicht, da er in zehn Minuten Matheunterricht hatte! „Ich muss mich beeilen. Auf keinen Fall nehme ich die Bummelbahn", dachte er. Sein Nachbar, der am Pool Krabben puhlte, bot ihm sein Schnellboot an. Es hatte vier Motoren, was Michel in den Bann zog. Schon rasten sie ohne zu rasten los. Alle Boote auf dem Fluss an der Königsallee mussten ausweichen und hinter ihnen flog ein Heer von Möwen her. Durch das straffe Tempo, das sein Nachbar vorlegte, erreichten sie bald den Hafen der Schule. „Strafe muss sein", seufzte Michel: Der Unterricht war wegen Hitzefrei ausgefallen!

 Wörteranzahl: 125

Aufgepasst bei der Schreibweise von ähnlich klingenden Wörtern:
Matte – Mathe, bot – Boot, Bann – Bahn

Ein schwieriges Angebot

Der April überraschte Timo: Er fegte gerade Schnee von seinem Blumenbeet, als ihm eine Fee erschien. „Du hast einen Wunsch frei!", sprach sie. Timo war aufgeregt und musste angestrengt überlegen. Er wünschte sich ein Boot voller Glücksklee, um nie mehr Pech zu haben. Nein, besser ein Meer aus Himbeergelee, das isst er gerne zum Frühstück. Die Fee kämmte sich gelangweilt die aalglatten Haare. Timo blickte ins Leere und konnte sich einfach nicht entscheiden. Er hatte eine andere Idee: Vielleicht Urlaub im Moor? Oder doch nur einen Tee in einer Goldtasse? Als er schließlich der Fee antworten wollte, war sie längst verschwunden. Am Ende der Allee sah er noch ihre Haare blitzen. Er hätte sich wohl schneller entscheiden müssen.

 Wörteranzahl: 118

Kennzeichnung für die Dehnung durch Doppelvokale:
Schnee, Fee, Moor, Haare

Schneeballschlacht in der Hölle

Niemand hätte es für möglich gehalten, doch es hatte über Nacht geschneit. Die Hölle verschwand fast ganz unter einer weißen Decke. Als der Teufel nachmittags einen Kaffee trinken ging, veranstalteten die vielen Seelen eine fetzige Schneeballschlacht. Eine satte Ladung Eismatsch landete im Gesicht vom fiesen Fred. Der schüttelte sich nur kurz und rollte den satten Sepp zu einem großen Schneemann, der in der Ecke stehen blieb. Die lasche Uschi wollte ihm gerade eine Karotte ins Gesicht stecken, da richtete der kahle Kurt die Schneekanone auf sie. Im letzten Augenblick konnte sie sich ducken, als der Eisstrahl über sie hinwegschoss und den Teufel, der gerade zurückgekommen war, bis zu den Haaren zudeckte. Er spuckte Gift und Galle und zur Strafe mussten alle einen riesigen Berg Kohle in den Höllenofen schaufeln.

 Wörteranzahl: 129

Kennzeichnung der Dehnung
– mit Dehnungs-h: **kahl, Eisstrahl**
– Schreibung von ie für das lange i: **niemand, riesig**
– mit Doppelvokal: **Seele, Kaffee**

Kennzeichnung der Schärfung
– mit Doppelkonsonanten: **schüttelte, zurückkommen, schoss**

Der Umzug

Wie sehr hatte sich Moritz über den Umzug nach Köln gefreut! Als seine Eltern ihn über ihren Entschluss informierten, dass sie das Landleben satt hätten und nun wieder in der Stadt leben wollten, war er erleichtert. Auch ihm war das Landleben mittlerweile so richtig zuwider. Immer diese ewige Fahrerei mit dem Bus und das leider nur allzu bescheidene Freizeitangebot! Aus, vorbei und passee! Was er brauchte und wonach er sich sehnte, das waren die Diskotheken, die Cafés und natürlich die Aussicht, einfach und unkompliziert seine Freunde mit der U-Bahn erreichen zu können.

Indes, seine Enttäuschung war allerdings riesengroß. Einige Wochen später fand er sich in einer scheußlichen Etagenwohung wieder, inmitten eines Karrees, das an Tristesse wirklich nicht zu überbieten war. Seine Vorfreude war sichtlich verflogen. Von Cafés und Diskotheken weit und breit keine Spur. Stattdessen fand er sich in einer maroden Wohnsiedlung wieder. Freunde fand er auch keine.

Wie wunderbar erschien ihm nun seine vormalige Lebensweise, wie vermisste er nun seine Fahrradtouren und die Beeren im Garten! War er in Wahrheit nicht doch eigentlich ein typisches Landei, das in der Stadt nun wirklich nichts zu suchen hatte?

 Wörteranzahl: 187

Schärfung mit Doppelkonsonanten: **vermisste, Entschluss, passee, Tristesse**

Kennzeichnung für die Dehnung
– ie: **riesengroß**
– ih: **ihn, ihr**
– Doppelvokale: **Beeren, Karree**
ähnlich klingende Wörter: **war – Wahrheit; Stadt – statt; das – dass**

Wortsalat

Wenn jemand das Wort Moos in den Mund nimmt, kann er damit entweder das Geld in seinem Portmonee meinen, aber natürlich auch jene hässlichen Pflanzen, die einen Steingarten ganz schön verunstalten können.

Ohne Moos nichts los! Wer kein Moos hat, sieht sich manchmal dazu gezwungen, das zum Leben Notwendige zu stehlen, was natürlich alles andere als ehrenhaft ist. Sage ich dagegen aber, dass mein Nachbar einen gestählten Körper habe, meine ich natürlich etwas völlig anderes.

Was mich wundert, ist die Tatsache, dass Bären Beeren fressen können, nicht aber umgekehrt. Auch erstaunt es mich, dass es manchmal ziemlich lange währt, bis sich jemand wehrt. Wer hat noch Fragen?

Zu Verwirrungen kann auch der folgende Gedanke führen: Wenn ich in einer Diskussion meinem Gesprächspartner widerspreche, bin ich offensichtlich anderer Meinung als er. Widerspreche ich ihm aber ständig, ist es nicht unwahrscheinlich, dass ich ihm zuwider bin. In diesem Falle sollte ich mich wohl am Besten davonstehlen, bevor es zu spät ist.

Apropos zu spät: Ein Jäger, der nach einem Bären späht, hat sicherlich nicht die Gewähr, dass der Bär sich nicht wehrt. Dann sollte er zumindest ein Gewehr dabei haben.

 Wörteranzahl: 188

Kennzeichnung der Schärfung
mit Doppelkonsonanten: **Diskussion, offensichtlich**

Kennzeichnung der Dehnung
– mit Dehnungs-h: **stehlen, ehrenhaft**
– mit Doppelvokal: **Portmonee, Moos**
– mit ähnlich klingenden Wörtern: **Gewähr – Gewehr; wieder – wider**

Online-Shopping

Vor dem Internet ist heutzutage nichts mehr sicher. Die schöne, neue WWW-Welt hat selbst vor dem guten alten Baumarkt nicht Halt gemacht. Klick, klick und schon steht man in Zeiten des E-Commerce vor den Regalen eines virtuellen Heimwerkermarktes.

Von der Ablauf-Garnitur der Badewanne über Fugenkreuze, Gummimuffen und Kartuschenpressen bis hin zum Zahnspachtel gibt es online alles anzuschauen, was das Herz des Heimwerkers begehrt. Und natürlich auch zu bestellen. Aber es gibt nicht nur Produkte und Geräte, sondern auch fachkundige Anleitungen: „Spannen Sie die zwei Gummischnüre mittig parallel zu den Raumwänden", rät zum Beispiel der virtuelle Kundenberater mit dem sinnigen Namen Hermann Holz. Tapezieren, Renovieren, Fliesen legen – im Internet-Zeitalter ist das selbst für Leute mit zwei linken Händen kein Problem mehr.

Aber: Ein virtueller Besuch eines Baumarktes mag auf Dauer nicht befriedigen. Mit Gleichgesinnten über Sägeblätter fachsimpeln, sich über neue Bodenbeläge und Scharniere zu echauffieren oder einfach in der Tapetenabteilung herumlungern, um die neuen Muster zu studieren: Dieses sinnliche Erlebnis wird das Internet nie vermitteln können.

 Wörteranzahl: 165

> Kennzeichnung der Schärfung
> – durch Doppelkonsonanten: **sinnlich, Gummischnüre**
> Dabei steht „tz" für zwei „z" und „ck" für zwei „k": **klick**
>
> Kennzeichnung der Dehnung
> – mit „ie" bei Fremdwörtern: **renovieren, echauffieren, Scharniere**

Wiener Caféhaus-Kultur

Wien ist die Stadt der Cafés. Wer einmal das Glück hatte, ein Wiener Café besuchen zu dürfen, wird dies bestätigen können. Nirgendwo auf der Welt wird so viel Aufhebens um den Kaffee gemacht.
Wer dort einfach nur einen Kaffee bestellt, wird schief angeschaut. Man hat die Wahl zwischen einem Mokka, einem Milchkaffee, einem Kaffee Kreme und einem Muckefuck. Eingeweihte bestellen gar einen Einspänner oder fragen nach einer Extraportion Schlagobers nach.

Legendär sind die Wirte der Wiener Cafés. Ihr auffälligstes Erkennungszeichen ist ihre zur Schau getragene Unfreundlichkeit, die zu Wien gehört wie zu Köln der Kölner Dom. Wehe dem, der einen Kellner nicht standesgemäß mit „Herr Ober" anspricht!

Nicht minder interessant ist es, das Kaffee trinkende Publikum oder das Interieur zu beobachten. Einträchtig sitzen oft ältere Damen zusammen, die verstohlen Kognak in ihren Mokka kippen, während daneben ein Mann im Frack sich genüsslich eine Zigarre zu Gemüte führt und gelassen Nikotinwölkchen in die Luft steigen lässt.

In den vornehmeren Cafés ist man in einer anderen Welt. Es herrscht eine ruhige und gediegene Atmosphäre, sodass man das Gefühl hat, die Zeit sei stehen geblieben.

 Wörteranzahl: 181

> **MERKE**
>
> Kennzeichnung der Schärfung
> – mit Doppelkonsonanten: **herrschen, Zigarre**
> Dabei steht „tz" für zwei „z" und „ck" für zwei „k": **Muckefuck**
> Ausnahme: Bei Lehn- oder Fremdwörtern stehen trotz Schärfung nur einzelne Konsonanten: **Kognak** oder „kk" bleibt: **Mokka**
>
> Kennzeichnung der Dehnung
> -ie: **Wien, schief**
> Ausnahme: Bei Lehn- und Fremdwörtern gibt es die Dehnung ohne besondere Kennzeichnung: **Dom, Interieur**

Das Kartfahren

Hast du nicht auch schon einmal davon geträumt, Rennfahrer zu werden?

Die meisten Formel-1-Fahrer haben in jungen Jahren mit dem Kartfahren angefangen. Karts haben ein ähnliches Fahrverhalten wie Formel-1-Autos. Sie sind sehr stabil gebaut, und bei einem kleinen Unfall kann sich nichts verformen oder zerbrechen. Verletzungen sind so ausgeschlossen. Auf eigens gebauten Kartbahnen werden zusätzlich alle Kurven entschärft, damit den jungen Fahrern nichts passieren kann. So kannst du ohne Risiken ausprobieren, ob du Talent zum Fahren hast.

Es gibt auch Kartmeisterschaften für Jugendliche, an denen du mit einem eigenen Kart teilnehmen kannst. Das Kart musst du aber auch pflegen und warten. Dabei kannst du viel über Motoren und andere technische Dinge lernen. Leider sind diese Rennkarts nicht ganz billig.

 Wörteranzahl: 119

Verben mit den Vorsilben
an-: **anfangen**
aus-: **ausprobieren**
ent-: **entschärfen**
teil-: **teilnehmen**
ver-: **verformen**
zer-: **zerbrechen**

Die Sicherheit in der Formel 1

Formel-1-Rennen sind gefährlich. Es werden aber beachtliche Anstrengungen unternommen, damit kein Fahrer oder Zuschauer bei Unfällen zu Schaden kommt.

Das war nicht immer so. Früher gab es oft furchtbare Unfälle, bei denen viele Fahrer tödlich verunglückten. Erst langsam setzte ein Sicherheitsdenken ein.

Die Rennstrecken wurden allmählich entschärft. Breite Auslaufzonen mit Schotter bremsen die Autos wirksam ab. Vor den Leitplanken wurden zusätzliche Reifenstapel angebracht, um die Wucht des Aufpralls zu vermindern. Die Fahrerzellen wurden durch spezielle Materialien so stabil, dass sie nicht mehr zerbrechlich sind.

Der teuflischste Feind aber war das Feuer. Die heutigen Autos haben Tanks, die sich bei hohem Druck verformen und nicht zerbrechen. Die Benzinleitung zwischen Motor und Tank hat Ventile, die sich bei einem Aufprall automatisch schließen, sodass kein Benzin austreten kann. Zusätzlich tragen die Fahrer feuerfeste Kleidung.

 Wörteranzahl: 136

Adjektive auf die Endsilben
-lich: **gefährlich**
-sam: **wirksam**
-bar: **furchtbar**
-isch: **teuflisch**

Gras fressende Hunde?

Herrenlose, verwilderte Pferde, die Mustangs, durchstreiften die Prärie. Sie stammten von Pferden ab, die den Spaniern entlaufen waren, als diese im nördlichen Mexiko siedelten. In der Prärie fanden die hungrigen Tiere genug Futter. So war es für sie nicht schwierig, hier zu leben. Sie vermehrten sich rasch, und bald lebte hier eine beachtliche Anzahl von ihnen.

Eines Tages begannen die Indianer einzelne Tiere mit dem Lasso zu fangen. Geduldig richteten sie die Mustangs zum Reiten ab. Sie ritten diese herrlichen Tiere ganz lässig ohne Sattel und Zügel. Sicherlich gehörten die Indianer zu den mutigsten, verwegensten und besten Reitern der Welt.

Lange Zeit hielten sie die Mustangs für heilige Tiere. Aber stell dir vor: Die Indianer nannten sie „Gras fressende Hunde", denn sie hatten davor nur Hunde als Haustiere gehabt.

 Wörteranzahl: 131

Wortbildung:
Wörter mit der Nachsilbe -ig: **lässig, schwierig**
Wörter mit der Nachsilbe -lich: **beachtlich, herrlich**

Gesund und schmackhaft

Knackiges Obst und saftiges Gemüse solltest du so oft wie möglich essen. Das ist nicht nur schmackhaft, sondern auch sehr nahrhaft. Das gilt besonders dann, wenn es nicht gespritzt ist.

Sicherlich weißt du nicht immer, woher die Früchte oder das Gemüse kommen und daher kannst du dir nicht sicher sein, ob es gespritzt ist. In diesem Fall solltest du es gründlich waschen, kräftig abreiben und notfalls auch schälen. Sonst ist die Mahlzeit eher schädlich als gesund.

Obst und Gemüse enthalten beachtlich viele Vitamine, Fruchtzucker und Mineralstoffe, besonders wenn sie aus dem ökologischen Anbau kommen und so frisch wie möglich verzehrt werden.

Rohes Obst und rohes Gemüse sind wertvoller als gekochtes, da beim Kochen viele wertvolle Stoffe verloren gehen. Daher sollte man immer wieder ernsthaft überlegen, ob das Kochen sinnvoll ist. Grüne Bohnen und Kartoffeln allerdings darf man niemals roh essen. Sie enthalten ein natürliches Gift, das erst durch das Kochen zerstört wird.

 Wörteranzahl: 152

Wörter mit den Endungen
-ig: **kräftig**
-ich: **beachtlich**
-isch: **ökologisch**
-haft: **schmackhaft**

Die Trinkwasseraufbereitung

Die Aufbereitung unseres Trinkwassers findet in Wasserwerken statt. Dort wird das Wasser aus Brunnen, Seen oder Flüssen gepumpt und trinkfähig gemacht.

Die Bearbeitung des Wassers beginnt mit dessen Klärung, das heißt, Sink- und Trübstoffe werden ausgeschieden. Durch Belüftung und Filterung wird das Wasser so gründlich wie möglich gereinigt. Ist das Wasser nicht sauber genug, wird Chlor hinzugefügt, um so eine Entkeimung des Wassers herbeizuführen.

Das reine, qualitativ gute Wasser wird anschließend zu den Wassertürmen befördert. Von hier aus gelangt es durch ein unterirdisches Leitungsnetz bis zu den Wasserhähnen in den einzelnen Wohnungen, Büros und Industrieanlagen.

Die schmutzigen Abwässer werden durch unterirdische Kanäle zu Kläranlagen befördert, wo sie mit Hilfe von Filtern, Sieben, Zerkleinerungsbecken und Belüftungsbecken von schädlichen Stoffen befreit werden, bevor sie wieder in die Flüsse gelangen. Diese umfangreichen Bemühungen zur Reinhaltung des Wassers sind einfach nötig, damit die Gewässer und damit auch die Menschen und die Tiere gesund bleiben.

 Wörteranzahl: 150

Wortbildung:
Es entstehen mit der Nachsilbe -ung aus Verben Substantive:
wohnen – Wohnung

Im Regenwald

Der Dschungel, auch Regenwald genannt, ist ein richtiger Urwald. Er ist ein Wald, der sich noch in seinem Urzustand befindet und nicht von Menschen gestaltet worden ist, sondern sich ganz allein entwickelt hat. Wer die Gelegenheit hat, seinen Urlaub in einem Urwald zu verbringen, wird über die Schönheit und über die Gefährlichkeit dieses Waldes staunen.

Die dumpfe, feuchte Wärme und das dämmrige Licht lassen Trägheit, Müdigkeit und eine gewisse Gleichgültigkeit aufkommen, die leichtsinnig und unaufmerksam macht. In dem dichten Gewirr von uralten Bäumen, Kletterpflanzen und anderen Gewächsen kann Unachtsamkeit aber sehr gefährlich werden. Der Besucher kann stürzen oder durch Tiere und Pflanzen verletzt werden.

Heute werden diese ursprünglichen Wälder, die den Menschen so viel zu bieten haben und die geradezu lebensnotwendig für die ganze Menschheit sind, mehr und mehr vernichtet. Wann werden die Menschen endlich begreifen, dass das nicht ein Zeichen besonderer Klugheit, sondern eine unglaublich große Dummheit ist?

 Wörteranzahl: 149

Wortbildung:
Wörter mit der Vorsilbe Ur-/ur-: **Urwald, uralt**
Wörter mit der Nachsilbe -heit: **Gelegenheit, Trägheit**
Wörter mit der Nachsilbe -keit: **Gefährlichkeit, Müdigkeit**

Die Kunst des Schenkens

Zur Kunst des Schenkens gehört es, dass das Präsent auch schön verpackt wird. Was nützt es, wenn man jemanden ein Geschenk macht und der Beschenkte belämmert dreinblickt, weil es tollpatschig verpackt oder gar nur in Zeitungspapier eingewickelt wurde?

Unnötiger Zierrat sollte allerdings vermieden werden. Abzuraten ist also daher auch von allzu aufwändigen Verpackungen mit unzähligen Schleifen. Oftmals kann ein schön platzierter Bändel ausreichen, um einem Geschenk eine interessante Note zu verleihen.

Man sollte immer daran denken, dass eine schöne Verpackung dem Beschenkten den Mund wässrig machen kann, da man durch eine geschickte Verpackung die Vorfreude ganz schön steigern kann.

Groß kann aber auch die Enttäuschung aufseiten des Schenkenden sein, wenn seine liebevolle Verpackung achtlos mit einem Riss entfernt wird. Diese Rohheit ist dabei ebenso unverzeihlich wie die oben geschilderte Unsitte, Geschenke einfach lieblos zu überreichen.

Aber auch die Auswahl des Geschenkes selbst bedarf eines Quäntchens Feingefühl. Was für ein Gräuel muss es für einen Familienvater sein, jedes Jahr zu Weihnachten von der Schwiegermutter Krawatten geschenkt zu bekommen. Er wird sie wohl nur noch als Stofffetzen wahrnehmen – mögen sie noch so kunstvoll verpackt sein!

 Wöteranzahl: 185

MERKE

Treffen bei zusammengesetzten Wörtern drei Konsonanten aufeinander, bleiben alle wegen des Stammprinzips erhalten: **Stofffetzen**

Die Schreibweise eines Wortes richtet sich nach dem Wortstamm der Wortfamilie: **Bändel** wie **Band**, **belämmert** wie **Lamm**, **Rohheit** wie **roh**

Die a-Laute werden bei den Wortbildungen auf ä-Laute übertragen: **Gräuel** von **Grauen**, **aufwändig** von **Aufwand**

Eine Welt im Treibhaus

Die Abschlusssitzung der Weltklimakonferenz in Rio fasst zusammen: Die Menschheit verbrennt in zu hohem Maße Öl und Kohle. Die Folge ist eine Erwärmung der Meere. Durch wissenschaftliche Studien ist belegt, dass durch die Erwärmung vermehrt Wasser in der Atmosphäre verdunstet, das dann als Regen zurückkehrt. Außerdem verstärken höhere Temperaturen Wirbelstürme. Das Resultat ist ein insgesamt raueres Weltklima.

Diese Sachlage kann durch die Industriestaaten, den Hauptverbrauchern dieser Rohstoffe, nicht schöngeredet werden. Während sich aber einige Vertreter hoch industrieller Staaten weigern, die Kausalität zwischen Abgasmengen und Emissionen in ihren Ländern und das stete Wachsen des Ozonlochs in der Atmosphäre zu akzeptieren, berichten andere bereits von den verheerenden Folgen der Schädigung der Ozonschicht. Das Ozonloch über der Antarktis hat bereits die Ausmaße mehrerer Fußballfelder. Nur Touristen wagen sich in Australien im dortigen Sommer noch ohne Sonnenschutzfaktor 30 an den Strand. Doch nicht nur der Mensch ist betroffen. Australische Biologen haben festgestellt, dass Kängerus trotz dichter Behaarung immer häufiger schwere Brandwunden aufweisen. Als Grund nennen auch sie den nachlassenden Schutz der Ozonschicht. Nicht allein die Schließung einiger Brennstofffabriken oder das Ersetzen von CO_2 in Kühlschränken, sondern nur die konsequente Reduzierung des gesamten Kohlendioxidausstoßes können weitere Naturkatastrophen noch abwenden. Dies muss aber schnellstens und darf nicht im Schritttempo geschehen.

◎ Wörteranzahl: 204

MERKE

Zusammengesetzte Substantive: **Kohlendioxidausstoß, Weltklima**

Treffen bei zusammengesetzten Wörtern drei Konsonanten aufeinander, bleiben alle wegen des Stammprinzips erhalten: **Schritttempo**

Die Montagsdemo in Leipzig

Es begann in der Nikolaikirche in Leipzig. An ein vereintes Deutschland hatte damals noch niemand geglaubt.

Ich selbst möchte mich als völlig normalen DDR-Bürger beschreiben, nicht übermäßig politisch aktiv. Die damaligen Paraden der SED hat man sich der Abwechslung willen angesehen. Anders war das mit der Teilnahme an den Montagsdemonstrationen.

Beim ersten Mal hatte ich scheußliche Angst. Als ich meinem Freund Dieter zwei Tage zuvor von meinem Vorhaben erzählte, bezeichnete er mich als kurzsichtig und verantwortungslos. „Du hast Arbeit, eine liebe Frau und zwei niedliche Kinder. Du hast doch alles, um glücklich sein", sagte er.

Diese Worte gingen mir immer wieder durch den Kopf, als sich der stetig wachsenden Menschenmenge zwei Hundertschaften Volkspolizisten näherten. Mutig rief jemand: „Wir sind das Volk", und erntete frenetischen Beifall. Ich erkannte Dieters Stimme.

In den stündlichen Radionachrichten, die ich anschließend hörte, hatte es geheißen, eine winzige Versammlung abtrünniger Bürger sei von der Staatssicherheit zügig aufgelöst worden. In Wahrheit spitzte sich die Lage an diesem Tag dramatisch zu. Die anfänglich kleine Gruppe von etwa zweihundertfünfzig Bürgern der DDR wuchs ständig. Schließlich waren es zigtausend Menschen, die auf die Straße gingen.

 Wörteranzahl: 185

Wörter mit der Nachsilbe
– ig: **ständig, zügig, winzig**
– isch: **frenetisch**
– lich: **schließlich**

Wer bezahlt die Formel 1?

Die Konstruktion der Autos, die Gehälter der Fahrer, Mechaniker und Ingenieure verschlingen Millionen. Ein Rennteam der Mittelklasse benötigt in einer Woche etwa eine Million Mark, Spitzenteams verbrauchen das Doppelte und Dreifache.

Die wichtigste Einnahmequelle sind die Sponsoren. Firmen bezahlen viel Geld, um ihren Namen deutlich sichtbar auf den Rennwagen anzubringen. Wie profitieren sie dadurch? Die Formel 1 wird weltweit verfolgt. Millionen von Fernsehzuschauern sehen die Werbung. Die Firmen werden weltweit bekannt und ihre Produkte häufiger gekauft.

Außer der Werbung gibt es noch eine weitere Einnahmequelle. Fernsehanstalten bezahlen für die Übertragung der Rennen. Meistens dürfen sie exklusiv für ein Land übertragen, das heißt, sie haben das alleinige Recht, das Rennen live zu senden. Und ihr Profit? Die Übertragung eines Rennens wird von Werbung unterbrochen. Durch diese Werbeeinnahmen finanzieren sich die Fernsehanstalten.

 Wörteranzahl: 130

MERKE

Schwierige Fremdwörter: **Ingenieur, Profit**

Fremdwörter aus dem Englischen oder Zusammensetzungen mit ihnen werden als Substantive groß- und zusammengeschrieben: **Rennteam**

Voltigieren

Bei dieser Sportart werden auf dem Rücken eines Pferdes verschiedene Turnübungen ausgeführt. Wenn du deine Reitkarriere damit beginnst, bekommst du genug Sicherheit im Kontakt mit Pferden, und der Reitunterricht fällt dir später leichter.

Beim Voltigieren wird ein Pferd an einer Laufleine, der Longe, im Kreis herumgeführt. Zu Beginn versuchen die Kinder die Turnübungen auf einem stehenden Pferd. Ziel ist es aber, komplizierte Figuren auf einem galoppierenden Pferd zu zeigen. Ob auf dem Pferd stehend, ob rückwärts reitend oder ob elegant mit Salto abspringend, alle Bewegungen sollten geschmeidig ausgeführt werden. Bei manchen Übungen sind mehrere Personen beteiligt und befinden sich gleichzeitig auf dem Pferderücken.

Du kannst dir sicher vorstellen, dass diese Pferde besonders kräftig sein müssen. Sie sollten gleichmäßig und ausdauernd galoppieren können und einen besonders gutmütigen Charakter haben.

 Wörteranzahl: 128

MERKE

Schwierige Fremdwörter: **Reitkarriere, Kontakt**

Bei Fremdwörtern aus dem Griechischen bleibt die Schreisweise mit „ch" erhalten: **Charakter**

Bei Fremdwörtern aus dem Französischen ist neben der Schreibweise auch die Aussprache zu beachten: **voltigieren, Longe**

Der Wilde Westen

Die weißen Siedler eroberten Amerika mit Pferden. Diese zogen die schwer beladenen Planwagen über viele Kilometer weit nach Westen. Pferde dienten auch als Arbeitstiere in den Silberminen. Den Cowboys waren sie treue Begleiter. Auf dem Rücken der Pferde war es für Cowboys ein Leichtes, die Rinderherden zu bewachen und Ausreißer mit dem Lasso wieder einzufangen. Sicher kennst du aus Wildwestfilmen auch den derben Spaß der Cowboys bei Rodeos. Sieger wurde derjenige, der sich möglichst lange auf dem Rücken eines wilden, ungezähmten Pferdes halten konnte, während es alles versuchte, um den Reiter wieder abzuwerfen.

Aber auch den Ureinwohnern der Prärie, den Indianern, waren Pferde unersetzbare Partner. Wie bei den Weißen übernahmen sie auch hier die Aufgabe des Transports und dienten als Fortbewegungsmittel, auch bei der Jagd.

◎ Wörteranzahl: 126

MERKE

Schwierige Fremdwörter: **Rodeo, Prärie**

Bei Lehn- und Fremdwörtern besteht die Dehnung oft ohne Kennzeichnung: **Silbermine**

Fremdwörter aus dem Englischen werden als Substantiv auch großgeschrieben: **Cowboys**

Vornehm Essen gehen

Vergangenes Wochenende hatte ich das Vergnügen mit meinem Onkel ein französisches Restaurant besuchen zu dürfen. Eigentlich wollte ich ja amerikanisch essen gehen, weil mir der Sinn nach Hamburgern mit Pommes frites und Majonäse stand. Mein Onkel bestand aber darauf, mit mir an meinem Geburtstag fürstlich zu dinieren. Er meinte, dass es nun wirklich an der Zeit sei, mich in die feine Gesellschaft einzuführen.

Den Auftakt des Menüs bildete ein Apéritif und eine Bouillon, zu der französisches Weißbrot, das berühmte Baguette, gereicht wurde. Anschließend servierte uns der Kellner eine flambierte Ochsenbrust. Vorzüglich schmeckte mir das Dessert. Es gab nämlich einen Gemüsekuchen, der in Frankreich Quiche genannt wird.

Was mich allerdings störte, war das vornehme Gehabe. Ständig hatte ich das Gefühl, dass mich die Leute an den Nachbartischen beobachten. Nein, beim nächsten Mal möchte ich doch wieder meinen Geburtstag mit meinen Freunden in einem Fastfood-Lokal feiern!

 Wörteranzahl: 144

> An die deutsche Sprache angepasste Fremdwörter: **Majonäse, Menü**
>
> Französische Fremdwörter: **Quiche, Apéritif, Restaurant, Baguette**
>
> Englische Fremdwörter: **Fastfood**

MERKE

Game over

Neulich bekam ich beim Booten meines Computers einen Schreck. Nichts ging mehr! Ich fühlte mich einsam und verlassen. Ich konnte keinen Chatroom besuchen, keine E-Mails schreiben, kein Computerspiel starten. Ich war am Boden zerstört und völlig down, sozusagen offline. Was konnte ich tun? Zum Glück funktionierte mein Handy!

Mein bester Freund, ein begnadeter Computer-Freak, ließ nicht lange auf sich warten. Er begutachtete den Schaden. Mit einigen wenigen Handgriffen reparierte er das Bios. Dann ging alles sehr schnell. Er spielte von einer CD-ROM die komplette Software neu auf und startete den Browser. Endlich war ich wieder im Internet. Wir riefen die Homepage eines Game-Channels auf und legten sofort los. Wir spielten die ganze Nacht, ließen den Joystick und die Maus flitzen, um unseren High-Score zu verbessern. Zum Schluss taten uns die Augen weh. Aber wir waren wieder online!

 Wörteranzahl: 137

Fremdwörter aus dem Englischen: **Software, Browser, down**

Schreibweisen mit Bindestrich: **Computer-Freak, CD-ROM**

Zur Beachtung: Das Wort „Handy" gibt es nicht im Englischen. Es ist eine Wortneuschöpfung.

Die multikulturellen Wurzeln unserer Sprache

Viele Fremd- und Lehnwörter unserer Sprache stammen nicht nur aus dem Englischen und Französischen.

Gerade die so genannten „toten" Sprachen Latein und Griechisch haben für die Entwicklung des Deutschen eine wichtige Rolle gespielt. Dies betrifft nicht nur Wörter aus unserer Alltagssprache wie zum Beispiel die Worte Automobil, Telefon, Delfin, Rhabarber und Theater. Viele der Worte, die aus diesen Sprachen stammen, sind ganz schön schwierig zu schreiben. Wer weiß denn schon, wie man die Worte Rhythmus, Mythos und Myrrhe schreibt?

Ganz chaotisch wird es, wenn man bedenkt, dass es auch Worte in unserer Sprache gibt, die aus Sprachen mit anderen Schriftsystemen stammen, für die erst eine Lautschrift erfunden werden musste. Oder wusstest du, dass die Worte Mais, Tabak und Zigarillo aus alten Indianersprachen stammen? Oder, dass das Wort Jogurt aus dem Türkischen, das Wort Basar aus dem Persischen und das Wort Robotor aus dem Tschechischen stammt?

 Wörteranzahl: 145

Fremdwörter mit th: **Rhythmus, Mythos**

Vereinfachte Schreibung für ph: **Telefon, Delfin**

Vereinfachte Schreibung für gh: **Jogurt**

Die neuen Hobbys

Dass die Kommunikationsmedien Computer und Internet unsere Arbeitswelt entscheidend geprägt haben, ist eine banale Feststellung. Nicht nur neue kommerzielle Bereiche wurden erschlossen, sondern auch ungeahnte Möglichkeiten der Freizeitgestaltung.

Insbesondere Jugendliche verbringen zunehmend ihre Nachmittage mit Tastatur und Joystick vor dem Bildschirm und sind nicht selten die Computer-Experten in der Familie. Spielend installieren sie neue Programme, bauen Grafikkarten ein und aus und verfügen über das notwendige Know-how, um Probleme zu lösen, wenn ihre Eltern ratlos nach der Hotline-Nummer suchen.

Nicht wenige Väter und Mütter sind daher etwas milder gestimmt, wenn die monatlichen Telefonrechnungen das Familienbudget stärker strapazieren. Denn die Medienkompetenz der Computer-Kids hat durchaus finanzielle Konsequenzen. Das betrifft nicht nur das stundenlange Surfen im World-Wide-Web, sondern auch den ausgiebigen Aufenthalt in den Chatrooms. Fachleute sind sich noch nicht sicher, ob diese Form der Kontakte substanzielle Auswirkungen auf das jugendliche Verhalten haben wird oder nur eine neue Form von Hobbys sind.

 Wörteranzahl: 148

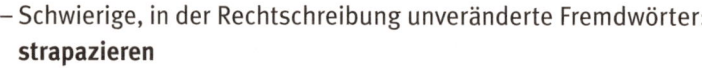

- Schwierige, in der Rechtschreibung unveränderte Fremdwörter: **strapazieren**
- Fremdwörter, die dem deutschen Sprachgebrauch angepasst wurden: **substanziell** (auch: substantiell)
- Fremdwörter aus dem Englischen, deren zweiter Bestandteil ein Substantiv ist, werden im Deutschen groß- und zusammengeschrieben: **Hotline, Joystick;** sonst gilt Großschreibung des ersten Wortes und Verwendung von Bindestrichen: **Know-how**
- Fremdwörter aus dem Englischen, die auf -y enden und im Englischen den Plural „-ies" haben, erhalten im Deutschen ein „s": **Hobbys**.

Sommer im Heiligen Land

An israelischen Stränden geht es zu wie in fast allen Touristenzentren am Mittelmeer: Aus den Bars und Cafés wälzt sich laute Disko-Musik über die Sonnenanbeter hinweg. Mädchen in winzigen Bikinis und Jungen in grellen Shorts scheinen ununterbrochen zu plappern. Ein braun gebrannter Athlet im knappen Tanga wandert an den Liegestühlen entlang und bietet Massagen an. Wenn die Sonne mittags im Zenit steht, und man sich vor der unerträglichen Hitze in ein schattiges Restaurant retten will, hat man Mühe, die Strandpromenade zu überqueren: Eine endlose Kette von Jeeps und Kabrioletts, aus denen hackende Techno-Rhythmen oder dröhnende Bassgitarren hämmern, zieht lärmend vorbei. Aber dann bekommt man in einer Snackbar keinen Milkshake zu seinem Steak serviert, weil der gemeinsame Verzehr von Fleisch- und Milchprodukten hier nicht erlaubt ist. Und auf dem Boulevard davor sieht man nicht nur Scharen von kleinen Jungen mit Stirnlocken und in langen schwarzen Mänteln vorbeiziehen, sondern viele jugendliche männliche und weibliche Soldaten mit lässig geschulterten Maschinengewehren. Nun merkt man, dass man sich in einem Land befindet, das stärker von den Ritualen einer alten Religion wie auch von aktuellen Krisen und Konflikten geprägt ist als jede andere Region am Mittelmeer.

 Wörteranzahl: 190

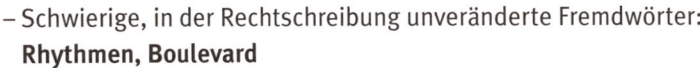

- Schwierige, in der Rechtschreibung unveränderte Fremdwörter: **Rhythmen, Boulevard**
- Fremdwörter, die dem deutschen Sprachgebrauch angepasst wurden: **Disko,** auch Disco
- Fremdwörter, die in der Herkunftssprache Substantive sind, werden auch im Deutschen großgeschrieben: **Shorts, Steak**
- Fremdwörter aus dem Englischen, deren zweiter Bestandteil ein Substantiv ist, werden groß- und zusammengeschrieben: **Snackbar**

Totale Mattscheibe

Dass man sich nicht gut konzentrieren kann, kommt immer wieder einmal vor. Manchmal sind Müdigkeit, Stress oder Kummer Ursachen einer reduzierten Aufnahmefähigkeit. Aber natürlich behindert eine ungünstige Arbeitsatmosphäre die Fähigkeit zur inneren Sammlung entscheidend. Dazu gehören nicht nur Lärm, sondern auch falsche Hintergrundmusik. Hämmernde Rhythmen können durchaus manche mechanischen Routinearbeiten erleichtern. Wer sich aber mit einer mathematischen Funktion auseinander setzen oder eine Textanalyse durchführen will, braucht im Allgemeinen Ruhe.

Entscheidende Faktoren bei der Konzentrationsfähigkeit sind Interesse und Motivation. Nur sehr disziplinierte Menschen widmen sich intensiv einer Arbeit, die sie als langweilig oder sinnlos ansehen.

In Prüfungssituationen können Konzentrationsmängel beinahe katastrophale Konsequenzen haben: Vokabeln, Formeln und Formulierungen, grammatische Strukturen, ganze Gedichtstrophen, die man gestern noch exzellent beherrschte, lösen sich zu einem undurchdringlichen Nebel auf. Gottseidank ist nicht jeder Moment, in dem man sich vergeblich zu konzentrieren versucht, von höchster Wichtigkeit. Außerdem kann man die Fähigkeit zur inneren Sammlung auch trainieren. Auch für schmale Portmonees gibt es Übungsbücher, aus denen man sich mit hilfreichen Tipps versorgen kann, natürlich nur, wenn man motiviert genug ist.

 Wörteranzahl: **172**

– Schwierige, in der Rechtschreibung unveränderte Fremdwörter:
Atmosphäre, exzellent, Rhythmen, katastrophal

– Fremdwörter, die dem deutschen Sprachgebrauch angepasst wurden:
Portmonee (auch Portemonnaie), **Tipps**

Das Ringwunder

„Der Zaubertrick, den ich euch heute vorführen möchte, heißt Ringwunder. Ich wette, dass ich mit meinem Schwert diesen goldenen Ring durchtrennen kann, ohne dass ihr hinterher eine Schnittstelle seht.

Prüft es selbst nach! Der Ring, mit dem ich mein Zauberkunststück durchführe, ist echt. Dieses Schwert, das aus purem Stahl ist, schneidet den Ring durch.

Ich gebe den Ring in einen Glaskasten. Darüber stülpe ich meine geheimnisvolle Zauberbox, die auf zwei gegenüberliegenden Seiten einen Spalt aufweist. Nun stecke ich mein Zauberschwert so durch die beiden Schlitze der Box, dass ich es von oben nach unten führen und dabei den Ring durchschneiden kann.

Vorsichtig lüfte ich das Geheimnis und zeige euch das Schwert, das von dem goldenen Ring umschlossen wird.“

 Wörteranzahl: 118

MERKE

Komma zwischen Hauptsatz und Relativsatz:
Der Zaubertrick, **den** ...; Der Ring, **mit dem** ...

Komma zwischen Hauptsatz und Nebensatz mit der Konjunktion „dass“:
Ich wette, **dass** ...; **ohne dass** ...

Das Geburtstagsgeschenk

„Bist du auch zu Meikes Geburtstag eingeladen?", fragt mich Ralf nach der Schule.

„Ja, sie hat elf Kinder eingeladen. Was schenkst du ihr denn?"

Ralf antwortet: „Etwas zum Lesen, sie ist doch eine richtige Leseratte."

„Das stimmt. Ich habe auch an ein Buch gedacht. Aber sie hat schon jede Menge Abenteuerbücher. Vielleicht könnten wir ihr zusammen ein Buch kaufen, zum Beispiel schöne Tiergeschichten."

„Gute Idee", meint Ralf, „aber das mit den Tiergeschichten passt vielleicht doch nicht so gut."

„Ihr habt Recht", weiß Paula, die uns zugehört hat. „Ich schenke Kriminalgeschichten zum Selberraten. Meike will doch Kommissarin werden."

„Das ist die Idee. Komm!", ruft mir Ralf zu. „Gehen wir gleich in die Buchhandlung?"

Wie viele Kriminalromane bekommt Meike wohl?

◎ Wörteranzahl: 118

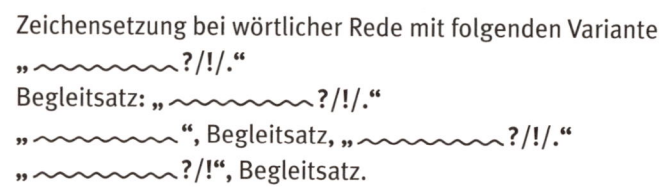

Zeichensetzung bei wörtlicher Rede mit folgenden Varianten:

„〜〜〜〜?/!/."

Begleitsatz: „〜〜〜〜?/!/."

„〜〜〜〜", Begleitsatz, „〜〜〜〜?/!/."

„〜〜〜〜?/!", Begleitsatz.

Nach der Grundschule

Hast du dich für die richtige Schulart und den passenden Lernzug entschieden?

Wenn ein Kind in Deutschland diese wichtige Entscheidung treffen muss, ist es noch sehr jung. Immer wieder stellt sich heraus, dass Kinder die falsche Wahl getroffen haben, obwohl sie von Eltern und Lehrern dabei beraten wurden.

Da man mit zehn Jahren seine Begabungen und Neigungen noch nicht genau kennen kann, wird in manchen Ländern die Schulart erst mit zwölf gewählt. In der Schweiz gehen die Kinder zum Beispiel auf weiterführende Schulen, nachdem sie sechs Jahre lang die Grundschule besucht haben.

In Frankreich bleiben die Kinder sogar bis etwa 14 in der gleichen Schule. Sie wählen dort verschiedene Lernzüge, damit ihre Begabungen gefördert werden. Erst ab 15 können sie noch ein Gymnasium besuchen.

 Wörteranzahl: 124

Komma zwischen Hauptsatz und Nebensatz mit Konjunktion:
Hauptsatz, **nachdem** ...
Wenn ..., Hauptsatz.
Hauptsatz, **dass** ..., obwohl ...

Wenn Buchstaben Rätsel aufgeben

Menschen, die nicht lesen und schreiben können, gibt es nicht nur in unterentwickelten Ländern, sondern auch in Deutschland. Die Probleme mit der Schrift bewirken, dass Analphabeten nur schwer im täglichen Leben zurechtkommen. Das Fernsehprogramm, einen Fahrplan oder eine Gebrauchsanweisung zu lesen sowie wichtige Formulare auszufüllen, bereitet ihnen größte Schwierigkeiten. Sie finden kaum einen Arbeitsplatz, denn sowohl Lesen als auch Schreiben ist für viele Berufe unentbehrlich.

Wie kommt es, dass Menschen die Schriftsprache nur unzureichend erlernen? Dafür gibt es mehrere Gründe, doch ganz bestimmt sind die Betroffenen nicht zu dumm dazu. Meist wurden sie als Kinder nicht genügend betreut und gefördert. Auch ausländische Menschen, die Deutsch nur über das Hören gelernt haben, können die Sprache oft nicht lesen oder schreiben.

Doch zum Lernen ist es nie zu spät! Wer es in der Schule nicht schaffte, kann auch als Erwachsener noch Lesen und Schreiben lernen.

 Wörteranzahl: 143

> Komma
> – bei Relativsätzen, die mit „der, die, das ...“ eingeleitet werden
> – bei den Konjunktionen „dass, doch, aber, sondern, denn ...“
> – bei Aufzählungen
>
> Kein Komma zwischen „sowohl ... als auch“
>
> Fragezeichen nach direkten Fragen
>
> Ausrufezeichen nach Ausrufen und um dem Gesagten Nachdruck zu verleihen

Rasender Reporter

Stift, Notizblock und Fotoapparat sind bereit. Tom Sonnenberg, neuer Reporter bei der örtlichen Lokalzeitung, ist startklar, aber sehr nervös. Schließlich ist das Interview mit Herrn Habmann, dem Rektor der Realschule, sein erstes.

„Wieso beschuldigen Sie die Stadtverwaltung, dass sie die Realschule vernachlässige?", fragt Tom Sonnenberg. „Schon vor einem Jahr habe ich die Stadt informiert, dass es in die Realschule hineinregnet", beginnt Herr Habmann. „Jetzt ist sogar eine durchnässte Decke heruntergestürzt! Im oberen Stockwerk kann nicht mehr unterrichtet werden, weil das zu gefährlich wäre. Das Schulgebäude muss renoviert werden." Tom Sonnenberg hakt ein: „Eine Renovierung dauert eine Weile. Wo soll der Unterricht so lange stattfinden?" „Das fragen Sie doch am besten den Herrn Bürgermeister!", raunzt Herr Habmann aufgebracht.

Nach dem Interview flitzt Tom Sonnenberg in die Redaktion, um den Artikel über die Realschule zu verfassen. Er muss sich beeilen, da er bereits in einer Stunde den nächsten Termin hat.

 Wörteranzahl: 149

Komma
– bei Aufzählungen: **Stift, Notizblock und Fotoapparat**
– bei nachgestellten Zusätzen: Tom Sonnenberg, **neuer Reporter ...,**
– bei den Konjunktionen „dass, weil, da, ..."

Das Komma kann beim erweiterten Infinitiv mit „zu" wegfallen.

Ausrufezeichen nach Ausrufen und um dem Gesagten Nachdruck zu verleihen

Anführungs- und Satzzeichen bei der wörtlicher Rede

Nudeln, Nudeln, Nudeln

Bestimmt isst du auch für dein Leben gern Spagetti mit Tomatensoße. Aber hast du dir schon einmal überlegt, woher Nudeln kommen und wie sie gemacht werden? „Aber das weiß doch jeder, dass Nudeln eine italienische Erfindung sind!", antwortest du vielleicht. Das stimmt aber nicht, denn in China kennt man Nudeln schon länger als in Italien. Dort hat man ein Nudelrezept gefunden, das rund 4000 Jahre alt ist. Die Nudeln wurden damals schon aus Weizenmehl, Eiern und Wasser zubereitet. Man verwendet die gleichen Zutaten heute noch(,) und manchmal werden die Eier auch weggelassen. Inzwischen ist Italien das Nudelland Nummer eins: Die Auswahl an verschiedenen Nudelsorten beträgt einige hundert. Wer in Italien etwas auf sich hält, der macht seine Teigwaren in alter Tradition von Hand. Die Nudeln, die man bei uns kaufen kann, sind meistens in Fabriken hergestellt worden. Aber lecker schmecken diese auch, oder?

 Wörteranzahl: 143

> **Komma**
> – bei den Konjunktionen „dass, als, weil, da, denn ..."
> – bei Relativsätzen, die mit „der, die, das ..." eingeleitet werden
> – bei Aufzählungen
>
> Das Komma kann bei zwei Hauptsätzen, die mit „und" verbunden sind, wegfallen.
>
> Anführungs- und Satzzeichen bei der wörtlicher Rede
>
> Fragezeichen nach direkten Fragen
>
> Großschreibung nach dem Doppelpunkt, wenn ein vollständiger Satz folgt.

Freundschaft

Man sollte meinen, dass es beinahe selbstverständlich ist, Freunde zu haben. Sind es nicht die Mitschüler, mit denen man täglich in der Pause „abhängt", lacht, lästert und sich bei Hausaufgaben aushilft? Oder die zahlreichen Kumpel, männliche oder weibliche, aus der Clique? Im Schwimmbad liegend oder im Jugendzentrum plaudernd(,) verbringt man doch ganze Wochenenden mit ihnen. Eine Freundin ist Steffi, mit der man stundenlang telefoniert, sodass die Eltern am Monatsende entsetzt über der Telefonrechnung brüten. Ein Kumpel ist Kai, der Vereinsfreund. Wie oft hat man schon gemeinsam den Sieg gefeiert!

Aber wie wird sich Kai verhalten, wenn man nun schon zum dritten Male versagt hat und die ganze Mannschaft sauer ist? Und Steffi, die aufmerksame Zuhörerin? Wird sie es aushalten, sich wochenlang den gleichen schrecklichen Liebeskummer anzuhören? „Freunde erweisen sich in der Not!", sagt ein Sprichwort. Wenn Steffi dir zu verstehen gibt, dass du sie zwar zurzeit grenzenlos nervst, sie dir aber trotzdem zuhören wird, dann hast du eine Freundin. Und wenn Kai, nachdem sich alle anderen schweigend aus dem Staub gemacht haben, bei dir bleibt, erweist er sich als Freund. Dann kann man stolz sowohl auf Steffi als auch auf Kai sein.

 Wörteranzahl: 192

Komma bei
– Aufzählungen: **..., lacht, lästert und sich gegenseitig hilft**
– Appositionen: **... Kumpel, männliche oder weibliche, ...**
– der Trennung von Haupt- und Nebensätzen: **Wenn Steffi dir zuhört, dann ...**
– Infinitiv- und Partizipialkonstruktionen, wenn ein hinweisendes Wort im Satz auftaucht **(dazu, damit, es)**
– einer wörtlichen Rede und einem Begleitsatz: **„Freunde erweisen sich in der Not!", sagt ein Sprichwort.**

Bewerbungschancen

Wer heute keine Lehrstelle findet, ist oft selbst daran schuld. Zu dieser Erkenntnis kommen immer mehr Ausbilder, die sich darüber wundern, dass viele deutsche Jugendliche unwissend und unmotiviert sind und in Jeans und mit Butterbrotflecken auf ihren Unterlagen zum Vorstellungsgespräch kommen. Nach Ansicht mancher Experten sind Schulabgänger sorgloser, zuweilen schlampiger geworden. „Sie überschreiten Termine(,) und viele von ihnen glauben, dass das nichts ausmacht." Viele Schulabgänger hätten offenbar etwas sehr Wichtiges nicht verstanden, und zwar, dass eine Bewerbung eigentlich eine Werbung für die eigene Person ist. Früher seien nur sechs bis acht Prozent der Stellensuchenden Problemfälle gewesen, heute seien es bereits zwölf bis 16 Prozent eines Jahrgangs.

Nicht überall jedoch ist man dazu bereit, diese Meinung zu unterstützen. „Wir hören von Betrieben immer wieder, dass Mathematikkenntnisse, Deutsch, Leistungsfähigkeit und Motivation der Jugendlichen nicht überragend sind", berichtet der Leiter einer Ausbildungsvermittlung, „aber die Unternehmen stellen heute unter Umständen auch größere Anforderungen, da immer häufiger entweder die mittlere Reife oder auch das Abitur gefordert wird. Von diesen Aussagen ausgehend(,) kann man jedoch behaupten, dass gesicherte Deutsch- und Mathekenntnisse sowie einwandfreie Bewerbungsunterlagen in jedem Fall dazu beitragen, dass eine Bewerbung größere Chancen hat.

 Wörteranzahl: 190

Komma bei

– Aufzählungen: **Mathematikkenntnisse, Deutsch, ...**
– Zusätzen, die mit „und zwar" eingeleitet werden: **Viele haben etwas Wichtiges nicht verstanden, und zwar, dass ...**
– Infinitiv- und Partizipialkonstruktionen, wenn ein hinweisendes Wort im Satz auftaucht **(dazu, damit, es).**

MERKE

Markt und Straßen sind verlassen

Die Sommerferien sind gerade vorbei, manche warmen Herbsttage verlocken noch zum Sonnenbaden, in den Geschäften jedoch macht sich eine andere Jahreszeit bemerkbar. Anfang Oktober bevölkern bunt verpackte, gütig lächelnde Nikoläuse die Auslagen(,) und in den Regalen türmen sich Stapel von Adventskalendern sowie unzählige Rollen von goldbedrucktem, sternenübersätem Geschenkpapier. Während die Herbstsonne strahlend auf die Gäste der Straßencafés herabscheint, hängen Arbeiter erste Lichtgirlanden auf und postieren Plastiktannenbäume. Allmählich werden die Schaufenster mit weißen Schneeflocken besprüht(,) und Eis leckende Kinder bestaunen die nickenden, beladenen Rentiere dahinter. Dann hört man schon die ersten jauchzenden Weihnachtslieder jubeln(,) und innerhalb kürzester Zeit brodelt die Innenstadt von schwer bepackten, gehetzten Menschen, die sich von gebrannten Mandeln und Bratäpfeln zu ernähren scheinen. So geht das wochenlang(,) und wenn man schon fast glaubt, dass der Irrsinn kein Ende nimmt, bricht mit Glockengedröhn die Heilige Nacht an und fegt die Straßen leer. Die Menschenfluten sind nun hinter Jalousien verschwunden, hinter denen es merkwürdig still geworden ist.

 Wörteranzahl: 159

Komma bei
- Aufzählungen: **... von goldbedrucktem, sternenübersätem Geschenkpapier**
  Aber: Bezieht sich eine Aufzählung auf die folgende, steht kein Komma: **die ersten jauchzenden Weihnachtslieder**
- Satzgefügen von Haupt- und Nebensätzen: **Während die Herbstsonne herabscheint, hängen Arbeiter ...**
- Aneinanderreihung von Hauptsätzen: **Die Sommerferien sind vorbei, manche Herbsttage verlocken ...**
  Vor „und" und „oder" kann das Komma entfallen.

Pech gehabt!

Herr Birnbaum rannte mit dem Koffer in der einen Hand, der Tageszeitung in der anderen, den Bahnhofsgang entlang. Beinahe hätte er wegen der Zeitung erst die S-Bahn, dann die U-Bahn verpasst. Aber es war gerade noch einmal alles gut gegangen.

Mit fliegendem Mantel und guten Mutes eilte er zu Gleis 16, wo sein IC-Zug nach Baden-Baden abfahren sollte. Aufseufzend erreichte er zwei Minuten vor Abfahrt den Bahnsteig. Nanu, wo war der Zug? Missmutig stellte Herr Birnbaum fest, dass dieser eine 25-minütige Verspätung haben sollte.

Er setzte sich hin und las seine Zeitung. Er las UV-Strahlen-gefährdete Feriengäste in Australien, K.-o.-Schlag legte Boxerstar um. Mit Vitamin-C-Tabletten Erkältungen bekämpfen ... Herrn Birnbaums Augen fielen zu. Er schlief.

Als er wieder aufwachte, fuhr sein Zug gerade ab.

 Wörteranzahl: 123

MERKE

Schreibung mit Bindestrich
– bei Zusammensetzungen mit Abkürzungen: **S-Bahn**
– zwischen allen Bestandteilen mehrteiliger Zusammensetzungen, in denen eine Wortgruppe oder eine Zusammensetzung mit Bindestrich auftaucht: **Vitamin-C-Tabletten**
– bei Zusammensetzungen mit Ziffern: **25-minütig**
– bei geographischen Bezeichnungen: **Baden-Baden**

Begeistert

Gerade verklang der letzte Takt einer Mozart-Sonate in A-Dur. Die Zuschauer waren begeistert. Sie klatschten und johlten.

Es waren nicht nur die 500 Schüler des Anne-Frank-Gymnasiums in Berlin, die da so begeistert applaudierten. Viele Gäste waren da. Sie alle waren zusammengekommen, um die 50-Jahr-Feier ihrer Schule zu feiern.

Die meisten von ihnen trugen stolz die bedruckten T-Shirts mit dem Namen der Schule, die man dank eines großzügigen Sponsors für nur einen 5-Euro-Schein an einem Sonderstand neben dem Schulkiosk hatte kaufen können.

Es wurde wieder still im Saal. Eine der älteren Schülerinnen sang einige „Piaf"-Lieder, alle in b-Moll, ein wenig traurig, ein wenig schwermütig. Wieder waren alle begeistert. Alex, der Freund der Sängerin, hätte diese Lieder am liebsten noch x-mal gehört. So begeistert war er.

 Wörteranzahl: 124

MERKE

Schreibung mit Bindestrich
- bei Zusammensetzungen mit Einzelbuchstaben: **A-Dur, x-mal**
- bei Zusammensetzungen, die als ersten Bestandteil einen Eigennamen haben, der besonders hervorgehoben werden soll: **Piaf-Lieder**
- zwischen allen mehrteiligen Zusammensetzungen, bei denen eine Wortgruppe mit Bindestrich verbunden ist: **5-Euro-Schein**

Verlaufen?

Hannes wollte seinen Vater besuchen, der seit zwei Wochen in einer anderen Stadt wohnte und arbeitete. Eigentlich hatte der Vater ihm alles mindestens 3-mal erklärt und Hannes hatte alles verstanden, ja er hatte es sich sogar aufgeschrieben.

Aber nun schien nichts mehr zu stimmen. Erst war er über den Kaiser-Friedrich-Ring gelaufen, dann in die Karl-Anton-Straße gebogen. Gleich darauf hatte er den Heinrich-Heine-Platz überquert, oder besser unterquert, denn er hatte die Fußgänger-Passage gewählt. Und nun stand er wieder auf dem Kaiser-Friedrich-Ring. Wie war das möglich? Sollte er so falsch gelaufen sein? Aber wieso war der Kaiser-Friedrich-Ring plötzlich so schmal? Hannes sah noch einmal auf das Straßenschild. Ach so, Kaiser-Friedrich-Gasse stand dort. Also war er doch richtig, goldrichtig sogar.

 Wörteranzahl: 117

Schreibung mit Bindestrich
– bei Straßennamen, die aus mehreren Bestandteilen bestehen, wovon die ersten aus Eigennamen bestehen: **Karl-Anton-Straße**
– bei Zusammensetzungen mit Ziffern: **3-mal**

Der Aufsatz

Es war wieder so weit. Ein 2-stündiger Aufsatz sollte geschrieben werden. Gespannt saßen die Schüler und Schülerinnen vor ihren Aufsatzheften. Die Themen, die heute zur Auswahl standen, bezogen sich alle auf den Besuch im Museum vorgestern.

Da hatten sie nämlich eine Ausstellung impressionistischer Maler besucht. Das war zwar schon zum x-ten Mal geplant gewesen, aber immer wieder aufgeschoben worden. Plötzlich hatte die Lehrerin vorgestern verkündet, sie sei das Auf-die-lange-Bank-Schieben jetzt leid. Gleich um 10 Uhr würden sie die Ausstellung besuchen. Die Begeisterung war einstimmig.

Eins der Aufsatzthemen bezog sich auf die Vincent-van-Gogh-Bilder und auf das Leben des Malers. Wer über van Gogh schreiben wollte, sollte das in der Ich-Form tun, hatte die Lehrerin verkündet. Das In-die-Person-Hineindenken hielt sie für besonders wichtig und fruchtbar. Fast alle Schüler entschieden sich spontan für dieses Thema. Der Aufsatz wurde für alle ein großer Erfolg.

 Wörteranzahl: 141

Schreibung mit Bindestrich
– zur Hervorhebung einzelner Bestandteile: **Ich-Form**
– in substantivisch gebrauchten Zusammensetzungen
  (Aneinanderreihungen): **das Auf-die-lange-Bank-Schieben**
– bei mehrteiligen Zusammensetzungen, deren erste Bestandteile aus
  Eigennamen bestehen: **Vincent-van-Gogh-Bilder**
– bei Zusammensetzungen mit Einzelbuchstaben: **zum x-ten Mal**
– bei Zusammensetzungen mit Ziffern: **2-stündig**

Weihnachtseinkäufe

Astrid und Alex Müller machen Weihnachtseinkäufe. Es regnet, aber was macht das schon, wenn aus dem Lautsprecher der Schneewalzer im ¾-Takt ertönt.

Sie betreten einen Buchladen. Für ihre Freunde kaufen sie ein spannendes Frage-Antwort-Spiel mit dem Titel: Kopf-an-Kopf-Rennen, für die Mutter eine Ich-Erzählung einer berühmten Sängerin und schließlich noch für den Vater ein Buch über die Midlife-Crisis (ganz dringend, hatte Alex schon seit Tagen gemeint) und für die Großmutter ein Buch über verschiedene Musiker-Leben. Hoppla, beinahe hätten sie ja den Kunstführer durch Baden-Württemberg für Onkel Jan vergessen!

Mit Päckchen schwer beladen verlassen sie den Laden. Mit Mühe erstehen sie im Kaufhaus noch zwei Bett-Tücher für Tante Irma und ein Abend-Make-up für Astrids Freundin Nora. Dann reicht es ihnen endgültig.

Nach diesem 2-Stunden-Einkauf stolpern sie ganz erschöpft in die Tante-Rosa-Pizzeria gleich neben dem Friedrich-Schiller-Denkmal, als Alex sich plötzlich daran erinnert, dass sie den Paul-Klee-Kalender für seinen Freund vergessen haben.

 Wörteranzahl: 148

MERKE

Schreibung mit Bindestrich
– bei mehrteiligen Zusammensetzungen, deren erste Bestandteile aus
  Eigennamen bestehen: **Paul-Klee-Kalender**
– bei geographischen Eigennamen: **Baden-Württemberg**
– zwischen allen Bestandteilen mehrteiliger Zusammensetzungen, in
  denen eine Wortgruppe mit Bindestrich auftaucht: **2-Stunden-Einkauf**
– bei Zusammensetzungen mit Ziffern: **¾-Takt**
– empfiehlt sich manchmal zur besseren Lesbarkeit oder bei dem
  Zusammentreffen von drei gleichen Buchstaben: **Bett-Tücher**

Eine Stadtbesichtigung von Köln

Familie Böning stellte ihr Auto auf einen Parkplatz ab und kaufte sich eine 24-Stunden-Karte für die ganze Familie. Dann ging es mit der U-Bahn ins Zentrum hinein.

Obwohl sie nun schon zum x-ten Mal in dieser Stadt waren, mussten sie immer wieder den Stadtplan befragen. Jeder wollte etwas anderes anschauen: Der eine das Hänneschen-Theater, der andere das restaurierte E-Werk, der dritte den Westdeutschen Rundfunk, der vierte einfach ein gemütliches Café.

Zunächst aber wollten sie alle zum Römisch-Germanischen Museum mit dem prächtigen Dionysos-Mosaik, das man schon von außen durch eine große Glasscheibe sehen kann. Vor rund 1700 Jahren war das Mosaik der Speisesaalboden einer römischen Villa gewesen.

Anschließend sollte ein gemeinsamer Besuch des interessanten Wallraf-Richartz-Museum stattfinden. Dann sollte jeder seine eigenen Wege gehen dürfen bis zum 4-Uhr-Treffen am Dom, wo man die 24 Tonnen schwere Petersglocke, die größte schwingende Glocke der Welt, oben im Südturm besichtigen wollte.

 Wörteranzahl: 146

MERKE

Schreibung mit Bindestrich
- bei mehrteiligen Zusammensetzungen, in denen eine Wortgruppe mit Bindestrich auftritt: **3-Uhr-Treffen**
- vor Suffixen, die mit einem Einzelbuchstaben verbunden sind: **x-ten**
- bei mehrteiligen Zusammensetzungen, deren erste Bestandteile aus Eigennamen bestehen: **Wallraf-Richartz-Museum**
- bei Zusammensetzungen, deren erster Bestandteil ein hervorzuhebender Eigenname ist: **Dionysos-Mosaik**
- bei Zusammensetzungen mit Einzelbuchstaben: **E-Werk**

Einmal um die ganze Welt

Aus unserem modernen Informations- und Technologiezeitalter ist die Computer-Kommunikation nicht mehr wegzudenken. Als der erste, drei Tonnen schwere Computer in den 40er-Jahren präsentiert wurde, ahnte niemand, dass er einmal mehr als 1000-mal leichter und in der Notebook-Ausführung nur noch einen winzigen Bruchteil seiner Ausgangsgröße umfassen werde. Inzwischen hat der Computer Schule und Privathaushalte erobert. Als Anfang der 90er-Jahre das Internet für die Öffentlichkeit freigegeben wurde, mauserte sich der Computer endgültig zum Informations- und Bildungsmedium. Ein Maus-Klick genügt, um auf Informationen in der ganzen Welt Zugriff zu haben. Wichtige Institutionen, zum Beispiel die Deutsche Presse-Agentur, oder kleinere wie die Heinrich-Heine-Gesellschaft stellen auf ihrer Homepage verschiedene Daten zur Verfügung. Per E-Mail kann man mit diesen Institutionen in Kontakt treten oder in Themen-Chats mit anderen Chat-Teilnehmern diskutieren. Der Computer konnte bisher schon mit Hilfe von CD-ROMs als Lehr- und Lernmittel genutzt werden. Im Internet stehen nun auch flexible Online-Lernprogramme zur Verfügung. Um das Internet zu nutzen, muss man kein Computer-Spezialist sein. Ein Computer, ein Modem oder eine ISDN-Karte, ein Telefonanschluss und die entsprechende Software eines Internet-Anbieters genügen. Wer zu Hause keinen Internet-Anschluss hat, kann auch in Internet-Cafés die virtuelle Reise in die weite Welt antreten.

 Wörteranzahl: 192

Bindestrich
– zur Einsparung gemeinsamer Wortbestandteile: **Lern- und Lehrmittel**
– bei Zusammensetzungen mit Eigennamen: **Heinrich-Heine-Gesellschaft**
– bei Zusammensetzungen mit Ziffern und Vorsilben: **1000-mal, 40er-Jahren**
– bei substantivisch gebrauchten Zusammensetzungen: **Presse-Agentur**

MERKE

Schüleraustausch über den Teich

Schon 8-mal hatte der Austausch zwischen den Elftklässlern des Theodor-Mommsen-Gymnasiums in Berlin-Spandau und ihrer amerikanischen Partnerschule in Orlando stattgefunden. Auch in diesem Jahr machten sich wieder einige 17- und 18-jährige Schüler des Berliner Gymnasiums auf den Weg in den US-Bundesstaat Florida. Sie waren gespannt auf ihre Gastfamilien und den 10-tägigen Aufenthalt. Die Baseball-Meisterschaften der Schule, bei der zum ersten Mal auch eine Mannschaft aus Berlin an den Start gehen sollte, versprach eine witzige Sache zu werden. Die Berliner hatten extra für dieses Turnier ihr Schullogo mit gelber Neon-Stoffmalfarbe auf T-Shirts gemalt. Dass sie gegen die durchtrainierten Star-Mannschaften von Orlando kaum eine Chance hatten, war weniger wichtig als der Spaß, den dieses Turnier verhieß. Als besonderes Erlebnis erwartete die Schüler außerdem ein Besuch von Kap Canaveral. Von hier aus war die legendäre Apollo-11-Mission zum Mond gestartet. Zwei Männer der 3-köpfigen Raumschiff-Besatzung betraten im Juli 1969 als erste Menschen den Mond. Dieses Ereignis versetzte die Welt Ende der 60er-Jahre in großes Erstaunen.

Endlich war der 9-stündige Flug, der wie jedes Jahr nicht bei einem x-beliebigen Reiseunternehmen, sondern bei der Sonnenschein-Reisen GmbH gebucht worden war, vorbei. Der Amerika-Aufenthalt der Spandauer Schulklasse konnte beginnen.

 Wörteranzahl: 190

Bindestrich
– bei Zusammensetzungen mit Eigennamen: **Theodor-Mommsen-Gymnasium**
– bei Zusammensetzungen mit Ziffern und Vorsilben: **8-mal, 9-stündig, 18-jährig**
– bei substantivisch gebrauchten Zusammensetzungen: **Raumschiff-Besatzung, Star-Mannschaften**

Wochenend-Tipp

Suchen Sie noch eine Idee für Ihre Freizeitgestaltung am Wochenende? Machen Sie doch einen Abstecher in die Gustav-Müller-Halle! Das Sechs-Tage-Rennen verspricht ein Sportereignis der Spitzenklasse zu werden. Sämtliche Radsport-Größen vom Olympia-Sieger bis zum 3fachen Tour-de-France-Gewinner geben sich ein Stelldichein. Spannende Kopf-an-Kopf-Rennen werden nicht auf sich warten lassen!

Auch unser abwechslungsreiches Unterhaltungsprogramm wird Sie begeistern. Angelika Sommer-Kehl, die amtierende Kunstrad-Weltmeisterin, die Pop-Gruppe Gewitterwind und viele weitere Künstler sorgen in spannenden Show-Einlagen dafür, dass Ihr Vergnügen 100-prozentig sein wird. Auf dem Hallengelände warten mehr als fünfzig Attraktionen auf Sie. Bringen Sie sich beispielsweise mit einem Herz-Kreislauf-Training am Trimm-dich-Rad in Schwung. Wie wäre es mit Trampolinspringen? Oder wollen Sie Ihre Kräfte am Hau-den-Lukas unter Beweis stellen? Wer es nicht so sportlich mag, der lernt das Fürchten in unserer Grusel-Grotte. Falls Sie spezielle Radsport-Bekleidung oder Fahrrad-Zubehör suchen, werden Sie auf unserer Shopping-Meile garantiert fündig. Als i-Tüpfelchen des Rahmenprogramms können Sie der Welt-Elite des Radsports in Autogramm-Stunden persönlich begegnen.

Warum noch zögern? Machen Sie Ihren Wochenend-Trip in die Gustav-Müller-Halle!

 Wörteranzahl: 164

MERKE

Bindestrich
– bei Zusammensetzungen mit Eigennamen: **Gustav-Müller-Halle**
– bei Zusammensetzungen mit Ziffern und Vorsilben: **100-prozentig**
  aber: **3fach**
– bei substantivisch gebrauchten Zusammensetzungen: **Kunstrad-Weltmeisterin, Kopf-an-Kopf-Rennen, Herz-Kreislauf-Training**

Autorenverzeichnis

Die Diktate wurden geschrieben von:

Ursula Lassert:

5./6. Schuljahr	Groß- und Kleinschreibung, 1. bis 5. Diktat;
	Getrennt- und Zusammenschreibung;
	Der s-Laut, 1. bis 5. Diktat;
	Dehnung und Schärfung, 2., 3. und 4. Diktat;
	Wortbildung, 3. Diktat;
	Schreibung mit Bindestrich;
7./8. Schuljahr	Wortbildung;
	Schreibung mit Bindestrich;

Hannelore Maier:

5./6. Schuljahr	Groß- und Kleinschreibung, 6. Diktat;
	Dehnung und Schärfung, 1. Diktat;
	Wortbildung, 1. und 2. Diktat;
	Fremdwörter, 1. Diktat;

Karin Haller:

5./6. Schuljahr	Fremdwörter, 2. und 3. Diktat

Christine Axmann:

5./6. Schuljahr	Der s-Laut, 6. Diktat;
	Dehnung und Schärfung, 5., 6. Diktat;
7./8. Schuljahr	Zeichensetzung;
9./10. Schuljahr	Schreibung mit Bindestrich;

Beate Döring:

5./6. Schuljahr	Zeichensetzung;
7./8. Schuljahr	Groß- und Kleinschreibung,
	Getrennt- und Zusammenschreibung

Jutta von der Lühe-Tower:

9./10. Schuljahr	Groß- und Kleinschreibung;
	Der s-Laut;
	Fremdwörter;
	Zeichensetzung;

Frank Becker:

7./8. Schuljahr	Fremdwörter;
9./10. Schuljahr	Getrennt- und Zusammenschreibung;
	Dehnung und Schärfung;
	Wortbildung;

Fabian Grabbe/Almut Küppers:

7./8. Schuljahr	Der s-Laut;
	Dehnung und Schärfung

Hinweise zur neuen Rechtschreibung:
die wichtigsten Neuerungen

Stammprinzip

Der Wortstamm wird in allen Wörtern einer Wortfamilie gleich geschrieben:
Bändel (zu Band), nummerieren (zu Nummer), platzieren (zu Platz)
Bei Zusammensetzungen bleibt der Wortstamm erhalten. Dies kann zu drei
gleichen Konsonanten führen: Brennnessel, Balletttänzer, Stofffetzen

s-Laute

ss statt ß nach kurzem Vokal: Kuss, Hass, er lässt, sie muss; Konjunktion dass
Aber: ß bleibt nach langem Vokal oder zwei Vokalen erhalten: Maß, beißen

Silbentrennung

Trennung ist nach Sprechsilben oder Wortfugen möglich: da-rauf, dar-auf
st ist trennbar: Wes-te, Kas-ten
ck wird nicht mehr getrennt: Zu-cker, Ba-cke
Einzelne Vokale sind abtrennbar: U-fer, A-horn

Groß- und Kleinschreibung

Substantive werden in Verbindung mit einer Präposition oder einem Verb ge-
nerell großgeschrieben: in Bezug auf, im Grunde, Rad fahren, Tennis spielen
Tageszeiten werden in Verbindung mit heute, (vor)gestern oder (über)morgen
großgeschrieben: heute Mittag, gestern Abend
In festen Verbindungen gilt Kleinschreibung: die erste Hilfe, das schwarze
Brett. Die vertraulichen Anredefürwörter du und ihr werden (auch im Brief)
kleingeschrieben.

Getrennt- und Zusammenschreibung

Getrenntschreibung ist der Normalfall: Halt machen, sitzen bleiben, zueinan-
der finden, wie viel

Fremdwörter

Vereinfachte Schreibung bei Fremdwörtern mit bestimmten Lautkombinatio-
nen ist erlaubt: Nougat/Nugat, Geographie/Geografie, Ketchup/Ketschup

Zeichensetzung

Mit „und" und „oder" verbundene Hauptsätze müssen nicht mehr durch ein
Komma getrennt werden: Er kam(,) und sie ging.
Beim erweiterten Infinitiv mit zu und bei Partizipialkonstruktionen muss kein
Komma mehr gesetzt werden. Um schneller in die Schule zu kommen(,) nahm
er den Bus. Ausnahme: hinweisendes Wort oder Wortgruppe: Daran, das
Auto länger zu behalten, dachte sie nicht.

Platz für Notizen

Platz für Notizen